Szymon Laks
Musik in Auschwitz

Schmissig ertönt „Berliner Luft", ein Geiger spielt im Freien Etüden, am Abend erklingt durch die geschlossenen Fenster Jazz, auf dem Akkordeon gespielt.
Ein Musikerleben in den 40er Jahren. Ein Musikerleben im Konzentrationslager Auschwitz-Birkenau.
Szymon Laks überlebte den Holocaust und hat seine Geschichte aufgeschrieben. Eine Geschichte, die sich wegen ihrer oft so banalen Szenen sperrt, mit den Verbrechen des Holocaust in Verbindung gebracht zu werden, und doch den jahrelangen Alltag inmitten des Grauens erzählt.

Szymon Laks, 1901 in Warschau geboren, studierte anfangs Mathematik. 1921 Aufnahme ins Warschauer Konservatorium, 1926 Umzug nach Paris. 1941 von französischen Behörden verhaftet und ins Internierungslager bei Orléans gebracht. Juli 1942 Abtransport nach Birkenau, Oktober 1944 über Sachsenhausen nach Dachau deportiert, wo er am 29. April 1945 von amerikanischen Truppen befreit wurde. Nach dem Krieg lebte Laks wieder in Paris, komponierte kammermusikalische Werke, Lieder und auch die Oper „L´hirondelle inattendue".
Szymon Laks starb am 11. Dezember 1983.

Szymon Laks

Musik in Auschwitz

Aus dem Polnischen von Mirka und Karlheinz Machel

Herausgegeben und mit einem
Nachwort versehen von Andreas Knapp

Droste Verlag

Die deutsche Übersetzung basiert auf der polnischen Ausgabe
Gry oswiecimskie, die 1978 bei Oficyna Poetów i Malarzy in London erschien.

Schriftenreihe des Fritz Bauer Instituts,
Studien und Dokumentationszentrum für Geschichte und Wirkung
des Holocaust, Bd. 15

Die Deutsche Bibliothek - CIP-Einheitsaufnahme
Laks, Szymon:
Musik in Auschwitz / Szymon Laks. Aus dem Poln. von Mirka und
Karlheinz Machel. Hrsg. und mit einem Nachw. vers. von Andreas Knapp.
- Düsseldorf : Droste, 1998
Einheitsacht.: Gry oswiecimskie <dt.>
ISBN 3-7700-1092-2

Umschlagentwurf: Petra Schneider (unter Verwendung
einer Zeichnung von François Reisz, Auschwitz-Birkenau)
Satz: Droste Verlag, Düsseldorf
Druck & Bindung: KONINKLIJKE WÖHRMANN B.V., Zutphen, Niederlande
ISBN 3-7700-1092-2

Inhalt

Meinen Freunden und Leidensgefährten

Tadeusz Jawor
Jan Stojakowski
Ludwik Żuk-Skaryszewski

widme ich diese Fragmente meiner Erinnerungen

Szymon Laks

Ouverture

Kurz nachdem ich aus dem Konzentrationslager Auschwitz II Birkenau zurückkehrte, habe ich zusammen mit meinem Lagerkameraden René Coudy ein Buch in französischer Sprache über das Orchester, das im Lager existierte, und die dort gespielte Musik geschrieben. Dieses Buch ist im Jahre 1948 unter dem Titel „Musiques d'un autre monde", also „Musik aus einer anderen Welt", in dem französischen Verlag ‚Mercure de France' erschienen. Es ist seit langem vergriffen, aber es wird sicher noch einige Exemplare in den Bibliotheken der Welt geben. Mir ist lediglich eines geblieben.

In den fünfziger Jahren bin ich mit polnischen Offiziellen in Kontakt getreten, um eine Übersetzung des Buches ins Polnische in die Wege zu leiten. Mir wurde geantwortet, daß das durch mich übersandte Exemplar dem Ministerium für Kultur und Kunst übergeben worden sei, dieses wäre die einzige Instanz, die zuständig sei für Entscheidungen über die Nützlichkeit dieser Art von Publikationen.

Es verging viel Zeit, ein Jahr oder zwei, bevor mich die Entscheidung des Ministeriums erreichte. Ich hatte jede Art von Absage erwartet, aber die Antwort des Ministeriums hat mich sehr überrascht und Trauer ausgelöst. Sie lautete (ich zitiere sie aus dem Gedächtnis, da ich den Brief nicht aufbewahrte): „Das Buch ist allzu idyllisch. Die Deutschen sind übertrieben schmeichelhaft dargestellt und die Gefangenen als Kreaturen ohne Moral und Würde. Es ist daher nicht zur Publikation geeignet."

Im ersten Moment begriff ich nicht, worum es ging, aber schließlich verstand ich, daß der Leser aus dem Inhalt des Buches entnehmen könnte, daß die Deutschen - unsere Schinder - sich nach unserer Musik sehnten, während ihre Opfer an nichts anderes dachten, als den Magen satt zu kriegen. Shocking! Das wäre ein Mißverständnis. Es wäre gleichbedeutend mit der Idealisierung der Henker und einer Herabsetzung der ohnehin schon erniedrigten Märtyrer.

In den Jahren 1967/68 habe ich mich erneut um einen Verleger bemüht. Es waren keine guten Jahre. Monatelang erfolgte ein Briefaustausch mit polnischen Verlagen. Einmal besuchte mich sogar eine Frau in Paris (eigentlich war sie jedoch aus anderen Gründen dienstlich unterwegs), um mit mir wegen der Publikation zu sprechen. Nicht nur, daß ich nichts Neues erfuhr, nein, diesmal wurde ich zum ersten Mal mit der Behördensprache konfrontiert, über die ich früher schon viel gehört und gelesen hatte. Viele schöne Worte, Allgemeinplätze, Abweichen vom Thema, Moralisieren - alles von undurchdringlichem Nebel umhüllt. Nur eines war für mich klar: dieses Buch hatte in Polen keine Chance!

Mir blieb nichts anderes übrig, als zu resignieren und vorerst nicht mehr daran zu denken.

Im Februar 1974 bekam ich dann Besuch aus Polen: Aleksander Kulisiewicz, ehemaliger Häftling aus dem Lager Sachsenhausen. Persönlich hatte ich ihn bisher nicht kennengelernt, aber sehr viel von ihm gehört; er sammelte sehr intensiv Lieder, Gesang, Lyrik und Lagermusik. Er hatte irgendwo etwas über mich erfahren, so daß er hoffen konnte, durch mich seine Sammlung, besonders in puncto Gesang, erweitern zu können. Ich wußte, daß er nach dem Kriege in einigen Ländern Konzerte mit Lagerliedern gegeben hatte, daß seine Schallplatten großen Erfolg hatten und daß er seine ganze Nachkriegstätigkeit der Geschichte einer

Widerstandsbewegung in den Konzentrationslagern, die sich auch durch Liedersingen äußerte, gewidmet hatte.

Leider konnte ich ihm nicht helfen, da ich erstens in Birkenau Aktivitäten in Dichtung und Vokal-Komposition nicht begegnet bin, und zweitens einen Stapel von fast ausschließlich von meiner Hand beschriebenem Notenpapier im Lager zurückgelassen habe, als uns die Lagerleitung im Oktober 1944 ausquartierte. Was mit diesen Noten geschehen ist, weiß ich nicht, ich habe nie danach geforscht. Vielleicht befinden sie sich im Auschwitz-Museum.

Das hinderte uns aber nicht, über unsere Erlebnisse zu reden: über Haft und Deportation bis hin zur Befreiung und Rückkehr in die Heimat. Wir versäumten es auch nicht, über die ‚Fachkollegen aus dem Konzentrationslager', denen wir begegnet waren, zu sprechen.

Plötzlich nannte Kulisiewicz einen Namen, der Herzklopfen bei mir auslöste: Ludwik Żuk-Skarszewski! Ohne nachzudenken fragte ich mechanisch: „Wann ist er gestorben?" Denn in all den langen Jahren hatte ich das Bild des auf der Bahre liegenden Ludwik vor Augen, als er aufs Revier (die Typhusstation) fortgeschafft wurde, wo er, wie man mir gesagt hatte, kurz darauf gestorben wäre.

„Wie? Wann gestorben?" fragte Kulisiewicz erstaunt.

„Also, in welchem Jahr?"

„Ludwik Żuk lebt, wohnt in Chrzanów und ist dort Lehrer!" Ich habe nicht weiter zugehört. Es war nichts wichtiger, nur das eine: Daß Ludwik lebt! Kulisiewicz hatte zwar seine Adresse nicht, aber er wußte, daß er Professor für polnische Sprache am Allgemeinen Lyzeum in Chrzanów (Wojewodschaft Krakau) war und ein dorthin adressierter Brief bestimmt in seine Hände gelangen würde.

Würde er sich überhaupt an mich erinnern? Daran, daß er mich, als ich in einem fast agonalen Zustand war, aus den Krallen des unmenschlichen Zwangsarbeitskommandos befreite und trotz Widerspruch der Leitung seines Kommandos die Erlaubnis zu meiner Versetzung zum Musikensemble als „Notenschreiber“, also Notenkopierer bekam? Damit brauchte ich nicht mehr der physischen Arbeit nachzugehen, was mich vor einem sicheren und baldigen Tod rettete. Wir kannten uns nur kurz, lediglich ein paar Monate. Wie sollte ich mich nach so vielen Jahren bei ihm in Erinnerung bringen?

Ohne zu zögern habe ich an die von Kulisiewicz erhaltene Adresse geschrieben. Mein Brief war vom 10. Februar 1974, und Antwort erhielt ich Anfang März.

Żuk schrieb unter anderem: „Deinen Brief habe ich mit unbeschreiblicher Freude gelesen, denn genau wie Du über mich, hatte auch ich falsche Informationen über Dich erhalten. Dein angeblicher Verwandter, Professor Lachs - ich dachte, er wäre Du - hatte meine Frau falsch informiert, nämlich, daß Du in Auschwitz umgekommen wärest. Welch’ Glück, daß dies nicht stimmt! Nach Birkenau war ich in Groß-Rosen, Sachsenhausen, Falkensee, wo wir an der Produktion von Panzern und V2-Raketen arbeiteten. Dort wurde mir befohlen, eine Lagerkapelle zu organisieren; in ihr wirkten weltberühmte Musiker, auch Schwarze und Mulatten, mit.

Nun beantworte ich Deine Fragen: Ich wurde am 15. April 1942 zusammen mit anderen Professoren wegen einer verschwörerischen, geheimen Lehrtätigkeit inhaftiert, und nach langwierigen Nachforschungen am 3. Juni ins Lager Auschwitz I deportiert. Ich erhielt die Häftlingsnummer 37939. Dort gab es erneute Verhöre und Untersuchungen wegen der Teilnahme am Kultur- und Sozialleben in Schlesien, wo ich Deutschstämmige am Gymnasium verfolgt haben soll. Irgendwie bin ich heil aus dieser Sache herausgekommen und wurde zum SK (Strafkommando) der Bunawerke (Chemiebetrieb in Auschwitz) strafversetzt. Am 27. Juni wurde ich durch den Kapo schwer geschlagen, weil ich einem Juden aus Paris (ich erinnere mich nicht an seinen Namen) geholfen habe. Zusammen mit den Leichen des Kommandos wurde ich ins Lager geschleppt. Ich lag auf einem Leichenberg. Als Dr. Wasilewski beim Notieren der Nummern der Leichen an mein Bein trat, stellte er fest, daß ich noch lebte... Und Dr. Wasilewski war vom Block 24, dem ‚Prominentenlager', zu dem auch Franz Nierychlo, der Küchenkapo und Orchesterdirigent gehörte. Auf diese Weise kam ich als Geiger in die Lagerkapelle. Kurz danach wurden sechzehn Musiker ausgewählt und nach Birkenau delegiert. Da ich Notenschreiber und Arrangeur war, hat mich Nierychlo engagiert, um das Repertoire vorzubereiten, da wir nur Musikinstrumente, aber keine Noten bekommen hatten. Ich mußte Schlager und Märsche aus dem Gedächtnis rekonstruieren und bei genau dieser Tätigkeit hast Du mich in Birkenau angetroffen."

So waren wir in diesen dreißig Jahren davon überzeugt, daß der andere nicht mehr lebe. Es war die Sammelleidenschaft eines Aleksander Kulisiewicz nötig, damit die Freundschaft, von der wir glaubten, sie sei vor langer Zeit durch den Tod beendet worden, neu geboren werden konnte. Welche Worte gibt es, ein solches Wiedertreffen zu beschreiben? Mir fallen keine ein.

Seither schreiben wir uns regelmäßig. Ich tröste mich mehr schlecht als recht damit, ihm bei Bedarf einige Medikamente und andere Kleinigkeiten zu schicken, die es in Polen nicht gibt, um auf diese Weise meine „Schulden" teilweise abzutragen. Aber ich weiß, daß ich sie ihm nie erstatten kann. Welchen Preis hat ein Menschenleben? Und welchen das eigene?

Ludwik Żuk ist einer von den vielen Polen, die andere gerettet haben, und ihm verdanke ich mein Überleben (über andere Polen werde ich später berichten).

Wie ich bereits erwähnte, haben wir in Birkenau lediglich die ersten Monate gemeinsam verbracht. Nach unserer Trennung warteten auf mich noch zweieinhalb Jahre Lagererfahrung, und in dieser Zeit habe ich - wie jeder von uns - ganz unterschiedliche Menschen (und Unmenschen) getroffen. In dieser Gruppe tun sich ein paar gute und aufrichtige Persönlichkeiten verschiedenster Nationalitäten hervor.

Es war schwer, in dieser Atmosphäre des Grauens und des verzweifelten Kämpfens um ein Stück Brot oder auch nur um einige Wassertropfen - ums Überleben überhaupt - ein Minimum an Menschlichkeit und Nächstenliebe zu bewahren. Jede Minute bedeutete Todesgefahr. Jede Minute des Durchhaltens war ein Geschenk des Himmels.

Ende 1943 - ich war schon über eineinhalb Jahre im Lager - erlaubte die Lagerverwaltung den jüdischen Häftlingen zum ersten Mal, ihren Familien eine Postkarte zu schicken. Jeder von uns bekam solch eine Postkarte. Man gab uns sofort zu verstehen, daß es sich nicht um eine „Erlaubnis" handelte, sondern um einen Befehl, dessen Ausführung sorgfältig überprüft würde und eine Nichtbefolgung schwere Strafen nach sich zöge. Und was „Bestrafung" im Lager bedeutete, wußten alle ganz genau. Die Postkarten waren vor dem Morgenappell ausgefüllt abzugeben. Nicht-Juden hatten ein Recht auf einen regulären Briefwechsel und auf das Empfangen von Ernährungspaketen. In kleinen Gruppen beriet man nervös, wie mit diesem Befehl umzugehen sei. Schreiben an die Familie war gleichbedeutend mit dem Verrat ihrer Wohnorte, besser gesagt ihrer Verstecke, und das Aufspüren von ihnen war sicher der Zweck dieser scheinbaren „Gnade" seitens der Lagerverwaltung. Nichtschreiben aber war überhaupt nicht möglich – das bedeutete den sicheren Tod.

So entschieden sich die meisten, ihre Karten an imaginäre Personen in x-beliebigen Wohnorten zu adressieren. Andere haben den Befehl getreulich ausgeführt, da sie glaubten, es handele sich hier um eine strategische Aktion der Deutschen, welche der Welt zeigen sollte, daß die Juden gut lebten und normaler Arbeit nachgingen.

Denn so sollte der Inhalt unseres Schreibens sein: ein paar Worte über unseren guten Gesundheitszustand, nicht nach Geld oder Paketen fragen, über angenehme Arbeitsbedingungen berichten und als Adresse hatten wir anzugeben: Arbeitslager Birkenau bei Neuberun. Aber wir wußten damals schon, daß unsere eigentliche Anschrift lauten mußte: Konzentrationslager für Arbeit und Vernichtung Auschwitz II Birkenau.

Ich geriet in einen Zwiespalt. Als ich aus Frankreich abtransportiert wurde, befand sich meine Familie in der ‚zone libre' (freie Zone), welche jetzt durch die Deutsche Armee besetzt war. Ich wußte nicht, ob sich ihre Adresse seit dieser Zeit geändert hatte oder, ob meine Familie in ein anderes Land ausgereist war. Andererseits konnte ich nicht auf diese unsichere, wenn auch einzige Möglichkeit verzichten, meine Verwandten zu informieren, daß ich lebe und nicht unter allzu schlechten Bedingungen.

Nach langem Nachdenken und Abwägen aller Gründe pro und contra entschied ich mich, an in Paris wohnende polnische Freunde (Arier) zu schreiben, „daß ich gesund und bei Kräften sei und in meinem Beruf arbeite". Dies entsprach damals sogar der Wahrheit. Beruflich bin ich Komponist und Geiger und so wollte ich ihnen zu verstehen geben, daß ich nicht zu schlecht lebte und leichte Arbeit hatte. Ich hoffte außerdem, daß es meinen Freunden irgendwie gelingen würde, diese „frohe Botschaft" meiner Familie zu übergeben.

Als ich nach der Befreiung nach Paris zurückkehrte, erfuhr ich, daß meine Karte relativ schnell den Empfänger erreicht hatte, und die Nachricht bei meiner Familie eingetroffen war. Aber niemand hatte den Worten geglaubt, ich würde in meinem Beruf arbeiten. Alle waren überzeugt, ich hätte dieses geschrieben, um sie bezüglich meines Schicksals zu beruhigen. Zwar konnte sich kaum jemand vorstellen, was für ein Ort ein deutsches Konzentrationslager in den Jahren 1942/43 war, aber niemand war so dumm zu glauben, die Nazis hätten mich abtransportiert, damit ich auf der Geige spielte und ein bißchen Musik komponiere.

Heute, nach so vielen Jahren, nach so vielen flüchtig gelesenen Büchern und widerwillig betrachteten Spiel- und Dokumentarfilmen, nach vielen mündlichen Berichten, gibt es immer noch Leute, die ein Konzentrationslager nur vom „Hören-Sagen" kennen und nur mühsam zur Kenntnis nehmen, wie es dort wirklich war. Und wenn sie es zur Kenntnis nehmen, kehren sie, als ob nichts geschehen wäre, zu ihrer normalen Tätigkeit zurück. Das war einmal, es sei vorüber, was solle man davon reden.

Das Überleben in Auschwitz - und anderen Vernichtungslagern - war nichts anderes als eine unendliche Reihe von Wundern; das letzte dieser Wunder war - für die wenigen Gestrandeten - die Befreiung.

Als ich als freier Mensch nach Hause kam, haben mir Freunde und Bekannte, die das Lager nie kennengelernt hatten, oft die typische und fast aufdringliche Frage gestellt: „Wie kam es, daß es dir gelang, Auschwitz zu überleben?" Diese Frage hat mir immer Kummer bereitet, ich schämte mich beinahe. Und manchmal werde ich danach noch heute gefragt, nach so vielen Jahren. Ich antworte dann, wie ich immer geantwortet habe: „Wie es kam, weiß ich nicht. Ich denke, daß, wenn einige Überlebende zurückgekehrt sind, doch jemand unter ihnen sein mußte - dann waren es doch einige - und unter ihnen war auch ich. Das ist alles. Eine andere Erklärung finde ich nicht."

Nur einmal habe ich anders geantwortet, als mir eine Dame mit fordernder Stimme diese Frage stellte: „So viele Menschen sind umgebracht worden und Sie haben überlebt. Wie haben Sie das bloß gemacht?" Ich fühlte mich schuldig, wurde rot und habe, um ehrlich zu sein, ostentativ geantwortet: „Ich bitte Sie um Entschuldigung - ich habe es nicht absichtlich getan."

Genauso, wie die meisten ehemaligen Lagerhäftlinge, vermeide ich, soweit ich kann, Gespräche über dieses Thema, da ich den Eindruck habe, daß außer wenigen ‚Eingeweihten' niemand diese Sprache verstehen kann. Und wenn die Umstände es erfordern und es unumgänglich ist, das Orchester in Auschwitz und mein Mitspielen darin zu erwähnen, dann sehen mich meine Gesprächspartner ungläubig an, wie jemanden, der den Verstand verloren hat. „Wie bitte? Musik in Auschwitz? Wozu denn? Was habt ihr denn da gespielt? Vermutlich nur Trauermärsche."

Auf die gleichen Fragen treffe ich manchmal noch heute, im Jahre 1978! Nein, wir haben keine Trauermärsche gespielt! Im Gegenteil, die Märsche, die wir gespielt haben - und über die wir noch sprechen werden -, waren fröhliche, schwungvolle bunt zusammengestellte, lustige, und ihre Aufgabe war es, zur Arbeit und zur ‚Lebenslust' anzuregen, gemäß dem Motto des Lagers: „Arbeit macht frei" - „Arbeit macht den Menschen frei". Der besondere Ehrgeiz eines jeden Lagerführers, eines jeden Lagers, das etwas auf sich hielt und dessen Hauptaufgabe das fehlerfreie Funktionieren der Lagerdisziplin war, war die Gründung einer eigenen Lagerkapelle oder -orchesters, damit unseren ‚Schutz-Engeln' gelegentlich ein bißchen Unterhaltung und Entspannung geboten würde, die sie sehr nötig hatten bei der Ausübung ihres nicht immer ‚dankbaren' Gewerbes.

Es fehlt nicht an Publikationen, die mit einer gewissen Emphase berichten, daß die Musik den elenden Gefangenen den Mut und die Kräfte zum Überleben gaben. Andere dagegen berichten, daß diese Musik den Gegeneffekt hatte, die Unglücklichen demoralisierte und damit zu ihrem früheren Ende beigetragen hat. Ich persönlich stimme dem Letzteren zu und werde auf dieses Problem noch einmal zurückkommen.

Weil ich ziemlich lange Mitglied des Orchesters in Birkenau (Auschwitz II) und einige Zeit dessen Dirigent war, halte ich es für meine Pflicht, diesen in gewissem Sinne markanten Teil der ‚Musikgeschichte', mit welchem sich wahrscheinlich kein Historiker dieser Kunst beschäftigen wird, zu erzählen und für die Nachwelt in Erinnerung zu halten.

In den Jahrzehnten, die uns von der Konzentrationslager-Ära trennen, sind viele Bücher, Studien, Broschüren und Zeitungsartikel, die dem Thema „Lager„ gewidmet sind, erschienen; Theatervorstellungen, Filme, Fernsehspiele und andere TV-Produktionen und dergleichen reden alle von dem selben Thema, kommentieren die gleichen Tatsachen und doch ist jede Darstellung irgendwie anders, als ob Dinge und Fakten nicht die selben wären. Zwischen der einen und der anderen Fassung gibt es häufig offenkundige Widersprüche, die, so viel ich weiß, bis zum heutigen Tag, weder enträtselt noch zur Übereinstimmung gebracht worden sind.

Aber wem soll das angelastet werden? Ähnliche Widersprüche kann man auch für andere, viel ältere Zeitabschnitte der Geschichte feststellen, über die zu streiten man nie aufhören wird.

Die Chronisten unter den Autoren, talentiert oder nicht, beschrieben aber mit gleichem Pathos das Lagergeschehen und die

Vorkommnisse, von denen sie übereinstimmend behaupteten – besonders wenn sie selbst Augenzeugen waren –, daß man das Geschehene und die Vorkommnisse nicht schildern könne, da dafür Worte einfach fehlten. Und tatsächlich, wie können Dinge dargestellt werden, die man, weil man dafür keine Worte findet, gar nicht beschreiben kann?

Doch diese Worte müssen gefunden werden, weil es außer Worten so gut wie nichts gibt, sieht man einmal von den Dokumentarfilmen und erst recht von den vielen nicht authentischen Spielfilmen ab, die nur eine „mit dem Winde verwehte" Wirklichkeit wiedergeben können. Darum hat jeder Autor Worte benutzt, die in seinen Möglichkeiten und in den Grenzen seiner Tatsachenkenntnis lagen. Widersprüche sind also unvermeidbar.

Das Buch, das ich dem interessierten Leser vorlege, erhebt keinen Anspruch auf die Lösung dieser Widersprüche, im Gegenteil, vielleicht fügt es einige neue hinzu.

Seit dem Geschehen, das ich zu beschreiben versuche, sind fast vierzig Jahre vergangen. In dieser Zeit hat sich viel verändert auf dieser unmenschlichen von Gott erschaffenen Welt, einiges hat sich verbessert, vieles verschlechtert; die Horizonte haben sich geändert, das Nachdenken über das, was damals geschah und heute immer noch geschieht, hört nie auf. Darum ist dieses Buch keine schlichte Fassung des französischen Originals. Die Tatsachen sind zwar mehr oder weniger dieselben geblieben, aber durch neue Zeugnisse und Dokumente, die mir im Laufe der Jahre zugeschickt wurden, erweitert worden.

Und noch andere Umstände haben dazu beigetragen, daß dieses Buch – obwohl Deutsche und Gefangene genauso wie in der früheren Version dargestellt werden – ein anderes geworden ist: unsere körperlichen und moralischen Empfindungen waren noch zu frisch, wir waren noch im Zustand der psychischen Bewußtseinstrübung und der Fremdheit gegenüber der wiedergewonnenen Freiheit. Es war schwer, sowohl die Tatsachen, als auch die Menschen zu beurteilen; diejenigen, die wir hinter uns ließen, ebenso wie die, zu denen wir zurückkehrten. Heute hat diese Bewußtseinstrübung - obwohl sie nie ganz abklingen wird - merklich nachgelassen, und es ist nun leichter, das Geschehene und Erlebte der damaligen Zeit mit einer höheren Dosis an Objektivität zu betrachten.

Ich sage bewußt ‚mit einer höheren Dosis', weil ich der Meinung bin, daß niemand von uns je zur absoluten Objektivität gelangen kann. Das Schicksal wollte es, daß ich diese Arbeit ganz allein ausführen mußte und allein zu entscheiden hatte, was ich belassen, was ich auslassen konnte oder was zu ändern war - alles aus der Perspektive der vergangenen Jahrzehnte. Obwohl der Blickwinkel, aus welchem ich manches Phänomen des Lagerlebens betrachte, ziemlichen Änderungen unterlag, haben die auf den folgenden Seiten beschriebenen Tatsachen nichts von ihrer gespenstischen Echtheit verloren. Das groteske Zusammentreffen der Musik mit diesen Tatsachen wird deren Echtheit unterstreichen.

Ich werde mich sehr bemühen, dem Leser die Beschreibung des Grauens und der Unmenschlichkeit des Lagerlebens, dessen Schauplatz Auschwitz-Birkenau war, zu ersparen. Darüber wurde so oft und so ausführlich geschrieben, daß ich dem Thema wohl nichts Neues hinzufügen könnte. Und, etwas mehr, etwas weniger, ist der Unterschied so wichtig? Jedoch kann ich, wie ich schon andeutete, selbst beim besten Willen nicht den Hintergrund übersehen, vor dem sich diese durch das deutsche Genie erzeugten ‚lyrischen Bilder' abspielen; ich kann nicht von der Musik in Birkenau schreiben ohne, wenn es nötig wird, auf diesen Hintergrund zu verweisen, sonst hätte dieses Buch seinen Sinn und sein Ziel verfehlt.

Denn dies ist kein Buch über Musik. Dies ist ein Buch über Musik im Nazi-Konzentrationslager. Man könnte auch sagen: über Musik im Zerrspiegel.

(Diese Einleitung war der polnischsprachigen Ausgabe von 1978 vorangestellt und wurde für die vorliegende Ausgabe bearbeitet und um einige Passagen aus dem Haupttext erweitert.)

Musik in Auschwitz

Auschwitz war eine Art „Negativ“ der Welt, aus der wir entführt wurden. Weiß wurde schwarz, schwarz wurde weiß, die Werte um 180 Grad verdreht oder zugespitzt ausgedrückt, jeder von uns hatte zwei Möglichkeiten: entweder, die Mitmenschen zu schlagen und zu foltern oder von ihnen geschlagen und gefoltert zu werden. Menschsein und Selbstwertgefühl wurden zu einem Vergehen: Logisches Denken war eine Erscheinung des Wahnsinns, Barmherzigkeit zum Zeichen einer krankhaften psychischen und moralischen Schwäche. Die gemeinsten menschlichen Instinkte dagegen, bereits abgeschwächt durch Erziehung und erworbene Kultur, verwandelten sich in eine wahre Lagertugend. Sie wurden zur notwendigen - obgleich mangelhaften - Bedingung zum Überleben.

Zur Lageraristokratie - in der Tat, die gab es - gehörten Berufsverbrecher, Gewalttäter, Diebe, Banditen, Kassendiebe, mit einem Wort - der Abschaum einer normalen Gesellschaft. Intellektuelle, Wissenschaftler, Priester, Rabbiner, Zeugen Jehovas, Künstler (von Musikern abgesehen, denen das Überleben gelang) - sie alle sind untergegangen in der Tiefe dieser neuen, durch den Nazi-Genius geschaffenen „Untermenschen“-Gesellschaft.

Hunderte, tausende Deportierte ertrugen diesen raschen Übergang von einer Welt in eine andere, deren Existenz sie in den schlimmsten Fieberphantasien nicht schlimmer hätten erdenken können. Sie gingen nach ein paar Tagen, manchmal sogar nur nach Stunden des Aufenthaltes im Lager „in den Draht“, wie es in der

Lagersprache hieß, das heißt: sie warfen sich in den unter Hochspannung stehenden Stacheldraht, der uns wie ein dichter Ring von anderen benachbarten Lagern und von der Außenwelt trennte. Auf diese Weise sind sie um die schlimmen Erlebnisse ‚herumgekommen', welche die weniger ‚nervösen' Gefangenen zu ertragen hatten.

‚Weniger nervös.' Wie ich. Ich habe überlebt. Welchem Zufall verdanke ich das? Ich mußte keine der allgemeinen menschlichen Tugenden ablegen, und trotzdem habe ich überlebt. Für mich ist es keine Frage, daß ich dieses einer unendlichen Reihe von Wundern zu verdanken habe, und daß ich vor allem Landsleute traf, die sich ein menschliches Gesicht und ein menschliches Herz bewahrt hatten. Von denen gab es erschreckend wenig. Zwischen uns Gefangenen herrschte ein ständiger, harter Kampf um die animalische Existenz: um eine Scheibe Brot, einen Zigarettenstummel, ein Rasiermesser, Aspirin, Nadel, Faden, um einen Schluck trinkbares Wasser.

Meine „Wunder" haben sich nicht sofort offenbart - ich war nicht mit Brot und Salz empfangen worden. Die ersten Wochen durchlebte ich in einem vollständigen Rauschzustand, der gleichzeitig meine hoffnungslose Mühe begleitete, alle Zweifel und Skrupel abzulegen und mich anzupassen an die, die das schon geschafft hatten und die ich nicht aufhörte zu beneiden.

Das erste meiner „Wunder" bewirkte, daß ich von einem bestimmten Augenblick an zu der Kategorie der Gefangenen gehörte, die einen „besseren Stand" in der Lagerhierarchie hatte, und dadurch, zumindest für eine ausreichend lange Zeit, besser essen konnte, um genügend Kraftvorräte im Körper zu sammeln, um die letzten, dunklen Stunden der Deportation zu überstehen. Dabei half mir... die Musik. Und so viele Male wurde mir gesagt, von Musik könne man nicht leben.

Ich werde nicht die Umstände beschreiben, die zu meiner Verhaftung führten und auch nicht die Bedingungen, unter welchen die „Übersiedlung“ durch die Besatzer erfolgte. Diese waren ähnlich wie die von hundert oder tausend anderen Festnahmen und Übersiedlungen. Die einzige Wirklichkeit dieser zweiundsiebzig Stunden währenden Reise war das unvorstellbare Zusammendrängen der Gefangenen in Viehwaggons und ihre Halluzinationen, die durch unvorstellbaren Durst verursacht wurden.

Von dieser Reise lebt nur eine einzige Erinnerung fort bis zum heutigen Tage. Es gelang mir, mich in einem Moment durch diese Mauer von zusammengepferchten Menschenleibern zu einem vergitterten Fenster durchzudrängen, dem einzigen im ganzen Waggon, um ein wenig frische Luft zu atmen. Der Zug begann eben langsamer zu fahren und dann hielt er vor einem Gebäude, das an einen Bahnhof erinnerte. Ein in der Nähe stehendes Schild erlaubte mir, einen Schriftzug zu lesen - einen Ortsnamen.

Viele Jahre zuvor stand ich in Wien vor dem Haus, in dem Beethoven starb. Lange Zeit blieb ich stehen und mehrere Male las ich auf einer Tafel Wort für Wort, daß in diesem Hause am 26. März 1827 der Komponist Ludwig van Beethoven gestorben ist. Damals überkam mich eine nie gekannte Rührung, und ich wünschte mir, als ich das Haus verließ, auch einmal in Leipzig das Haus zu sehen, in dem Johann Sebastian Bach sein Leben beendete.

Und nun wurde mein Wunsch auf eigenartige Weise erfüllt, doch man kann sagen entgegengesetzt als ich gedacht hatte: der Ort, an dessen Bahnhof der Zug hielt, hieß Eisenach. Und eben in diesem Eisenach wurde am 21. März 1685 Johann Sebastian Bach geboren.

Dies war seit meiner Deportation das erste Zusammentreffen mit der Musik.

Die meisten Publikationen, die eine psychische Seite der Erlebnisse im Konzentrationslager beschreiben, bezeichnen den ersten Eindruck der neuangekommenen Häftlinge als „Schock“, „Erschütterung“, „Betäubung“ oder ähnlich. Diese Bezeichnungen kann man deswegen nicht ablehnen oder in Frage stellen, weil es keine anderen gibt. Ich bin mir nicht sicher, ob jeder mit diesen Begriffen einverstanden wäre, der die Wirklichkeit von Auschwitz voll zu kosten bekam. Darum möchte ich versuchen, diesen ersten Moment der Ankunft mit eigenen Worten zu beschreiben. Nicht sechs, sondern „Millionen Personen suchen einen Autor“ könnte der Titel des Bühnenstückes von Luigi Pirandello heißen, hätte er in der Epoche der Nazi-Vernichtungslager gelebt. Ich habe mit vielen Leidensgefährten über dieses Thema gesprochen und fast alle haben entschieden die Begriffe „Schock“ oder „Erschütterung“ und überhaupt eine wörtliche Beschreibung abgelehnt. Vordergründig trafen die Worte zu und doch gleichzeitig wieder nicht. Aber welcher Ausdruck wird der Situation gerecht?

Bis jetzt ist es mir nicht gelungen, diesen Moment zu rekonstruieren, obwohl ich mich sehr darum bemüht habe. Vielleicht ist es eine Frage des Gedächtnisses, das mit der Zeit schwächer wird oder die Erinnerung versagt. Was mich betrifft, habe ich jedenfalls die kleinen Brocken meines Gedächtnisses zusammengesucht und daraus ist ein unklarer Eindruck geworden, so als ob das Vorgefallene bei mir eine Lethargie oder Betäubung ausgelöst hätte und gleichzeitig, als ob ich mit einem Katapult zu einem anderen Planeten hochgeschossen worden wäre. An eines erinnere ich mich sehr gut: Meine erste, mir selbstgestellte Frage war: „Was ist das für eine Welt? Was sind das für wie Zebras gestreifte Wesen, diese Gerippe mit den rasierten Schädeln; die einen athletisch-dick und die anderen gebrechlich, zum Skelett abgemagert, kaum fähig, sich auf den Beinen halten zu können?"

Ich versuche aus diesem Alptraum zu erwachen und rede mir ein, daß es nur ein Traum ist, aber ich wache nicht auf. Doch auf alle Fragen kommt eine blitzschnelle, prägnante Antwort. Ich habe nun keinen Vornamen und keinen Familiennamen mehr - ich bin zu einer Nummer geworden, wie Jean Valjean in „Die Elenden". Meine Identität, das ist die Nummer 49543, eintätowiert in den Unterarm für das ganze Leben, oder eher: was davon übrig blieb. Nach drei Tagen unendlicher Formalitäten und mühsamer Lehre, zu fünft in einer Reihe zu stehen, bezahlt mit Prügelhagel, Verletzungen und manchmal mit dem sofortigen Tod der weniger begabten Schüler, geben sie uns eine Schüssel mit einer verdächtigen Flüssigkeit, aber warm ist sie und beglückend feuchtet sie Hals und Magen, die schon seit Tagen ausgetrocknet sind. Dann folgt die symbolische Waschung unter der eisigen Dusche, aber weil es Juli ist, genießen wir sie. Das gleiche erwartet uns auch im Winter, bei zwanzig Grad unter Null, aber davon wissen wir noch nichts.

All das geschieht unter der sehr ‚aktiven Aufsicht' unserer Brüder - „Kollegen der Gefangenschaft" -, denen es gelungen ist, „höhere Posten" zu ergattern und unsere Vorgesetzten zu werden. Sie sind es, die uns in ein Gebäude jagen, das man als Stall oder Kuhstall bezeichnen müßte, wenn es dort überhaupt Platz für Pferde oder Kühe gäbe oder wenigstens irgend ein größeres Tier, das dort hineinpassen würde. Hunde allerdings würden dort hineinpassen. Aber dieser Platz ist nicht für Hunde bestimmt. Er ist für Geschöpfe bestimmt, die wie Menschen aussehen, aber keine sind. Das ist der Raum zur Unterbringung der Juden.

Dieser Raum ist mit einer unüberschaubaren Menge dreistöckiger Kojen vollgestellt, in die man lediglich liegend hinein paßt und indem man den Kopf draußen läßt. Eine Ausnahme ist die oberste Koje, in der man auch knien kann. Sie jagen uns dort wie nutzloses Vieh hinein, befehlen je fünf Mann, sich in eine Koje zu legen, die Knüppel sind in voller Bewegung. Sie werfen uns, wie Tieren zum Fressen, gestreifte Jacken, Hosen, Hemden, Mützen zu - nur alte Lumpen. Die sich ergebende Verwirrung kann man nicht beschreiben. Also beschreibe ich sie nicht. Überspringen wir die Szene bis zu dem Zeitpunkt, wo ich mich hinlegen, die matten Beine ausstrecken kann und versuche zu schlafen, mit einem Traum, der mich von der Wirklichkeit trennt, einer Wirklichkeit, die zu einem anderen Traum wird.

Es ist vielleicht später Abend, aber ich kann nicht einschlafen. Die Feindlichkeit zwischen den Nachbarn desselben Bettes ist entsetzlich, erschreckend menschlich und verständlich. Einer stört den anderen, jeder beansprucht angeblich mehr Platz als ihm zusteht. Ich rolle mich so gut wie irgend möglich zusammen, um die Gunst meiner Nachbarn zu gewinnen und mich selbst zum erlösenden Schlaf zu legen. Plötzlich schrecke ich auf, stoße mit dem Kopf gegen die Bretter der oberen Koje. Mir scheint, als höre ich in der Nähe Gewehrschüsse.

„Was ist das?“, frage ich einen der Nachbarn, der offensichtlich schon etwas vertraut ist mit der Lagerroutine.

„Was soll sein? Nichts. Sie schießen auf einen, der in den Draht gegangen ist.“

„Wenn er in den Draht gegangen ist, hat er sich sicher umgebracht. Wozu dann noch schießen?“

„Du bist blöd. Wenn jemand in den Draht geht, wird er sich darin verfangen und verwickeln; ihn da wieder herauszuholen, das ist die ganze Geschichte; das ist nicht leicht, und so jagt man ihm eine Kugel in den Kopf. Manchmal muß man den Strom abstellen. Verstehst du?“

Ich verstehe. Aus der Ferne kommen jetzt andere Klänge zu mir, ganz andere, sehr merkwürdige, die mich an etwas erinnern. Weder Geknall noch Schläge, taktmäßig, ruhig, regelmäßig. Drei Töne näher, zwei weiter entfernt, drei nahe, zwei entfernte. Die Regelmäßigkeit schaukelt mich in den ersehnten Schlaf.

Wieviele Stunden habe ich geschlafen? Zwei? Fünf? Eine halbe Stunde? Aus dem tiefen Nichts reißt mich ein schrecklicher Lärm heraus: Schreie der Schlagenden und anhaltendes Stöhnen der Geschlagenen. Athleten in gestreifter Häftlingskleidung schlagen uns mit Knüppeln, schreien aus Vergnügen. „Los! Aufstehen! Raus! Aber schnell!" Wir springen herunter von unseren Strohlagern, wir brauchen uns nicht anzuziehen, weil wir uns nicht ausgezogen haben, wir rempeln aneinander, stoßen mit den Köpfen zusammen wie Billardkugeln, mit Mühe schützen wir uns vor den von allen Seiten hagelnden Schlägen.

Mit dem verbliebenen Rest an Vernunft versuche ich zu begreifen, warum uns unsere Leidensgefährten mit solchem Elan schlagen; sie tragen den gleichen gestreiften Drillich wie wir, nur vielleicht besser geschnitten und weniger zerrissen. Ich finde keine Antwort. Die kommt nach Wochen, Monaten. Sie schlagen uns, damit sie selbst nicht geschlagen werden. Sie glauben, wenn sie uns schlagen, entgehen sie selbst der Vernichtung. Einige überleben tatsächlich. Andere werden durch Stärkere, Betriebsamere getötet.

Von Zeit zu Zeit lege ich beim Schreiben eine Pause ein um darüber nachzudenken, ob ich dem Leser so manche „unangenehmeren" Fragmente dieser merkwürdigen Chronik einer anderen Welt nicht besser ersparen sollte. Ich erwäge Pro und Kontra, das eine entscheide ich fortzulassen, beim anderen zögere ich nicht und schreibe am Ende ohne inneren Widerstand. Ich entscheide mich, etwas zu beschreiben da ich denke - richtig oder falsch -, die Fortsetzung bzw. das Thema dieser Erzählung würde sonst viel an Aussage verlieren, oder wäre am Ende geradezu unverständlich. Ich bitte also noch um ein wenig Geduld, bald kommen wir in breiteres Fahrwasser und können aufatmen - toutes proportions gardées - ein bißchen frische Luft.

Sie treiben uns auf den Hof und schlagen mit zuverlässig treffenden Knüppeln, versuchen uns in Fünferreihen aufzustellen, damit die SS-Männer jede Formation so schnell wie möglich ohne Fehler durchzählen können. Gibt es etwas Einfacheres, als sich zu Fünfen aufzustellen? Es scheint ein Kinderspiel zu sein, doch in Wirklichkeit ist das ganz anders. Die Schläge, die großzügig auf uns niedergehen, erschweren die Aufgabe noch mehr. Man weiß nicht wieso, aber plötzlich stehen in der Reihe vor uns nur noch vier, man muß dieses Loch so schnell wie möglich füllen, durch jemanden aus der nächsten Reihe. Aber wer? Zwei wollen es gleichzeitig. Statt fünf haben wir nun sechs vor uns und hinten wieder vier. Dieses Spiel dauert eine gute Stunde. Es beginnt hell zu werden. Keiner weiß, wie spät es ist. Drei, vier Uhr? Es fängt an zu regnen. Auf uns wartet noch eine Übung, im Vergleich mit der das Vorhergehende sich tatsächlich als ein Kinderspiel erweist. Es geht um das Zeremoniell des gemeinsamen, ideal synchronisierten Salutierens auf Befehl unserer Menschenschinder-Kollegen. Dies ist eine echte Kunst, und die Unfähigkeit, sie zu beherrschen, werden viele mit dem Leben bezahlen. Diese Kunst hat vier Abschnitte, obwohl es nur zwei Befehle gibt: 1. Mützen ab! 2. Mützen auf! Jeder dieser Befehle hat zwei separate Tempi, darum diese vier Etappen, die mit einem genauen, unerbittlichen Protokoll verbunden sind:

1. „Mützen...!" die rechten Hände erheben sich zu den Mützen und warten bewegungslos...

2. „...ab!" die Hände reißen die Mützen vom Kopf und schlagen sie gleichzeitig mit lautem Knall, wie von einer Peitsche, an den rechten Oberschenkel.

3. „Mützen...!" die Hände heben die Mützen, schieben sie ungeschickt auf den Kopf und warten erneut...

4. „...auf!" die Hände kommen herunter, aber schon ohne Mützen, und die rechten Handfläche schlägt gleichzeitig so laut wie möglich auf den rechten Oberschenkel.

Erst danach kann man sich ungehindert die Mütze richtig auf den Kopf setzen und sich auf die Wiederholung des Zeremoniells vorbereiten.

Probiert es mit hunderten von ausgelaugten, hungernden, durstenden menschlichen Wesen, die sich kaum auf den Beinen halten können, und ihr könnt euch vorstellen, wieviel Zeit es braucht, um diese Kunst zu erlernen, um sie dann doch nicht völlig zu beherrschen. Befehle erteilen uns immer unsere gestreiften Mithäftlinge. Bis jetzt hat uns kein SS-Mann im Lager ein Unrecht angetan. Diese Arbeit nehmen ihnen unsere Mitgefangenen ab, wer weiß, vielleicht mit besseren Ergebnissen. Doch dann kommt der Augenblick, wo auch sie sich müde fühlen - nicht sie selbst, sondern ihr Mundwerk. Und momentan verzichten sie auf das Exerzieren, bis zum nächsten Befehl: „Rührt euch!"

Inzwischen beginnt der Tag träge aus den bleigrauen Wolken hervorzuschauen. Wenn niemand auf uns achtgibt, nützen wir gern die Gelegenheit und setzen uns auf den nackten, nassen Boden, um ein wenig auszuruhen. Ich schaue mich nach allen Seiten um.

Langsam beginnt sich das Lager zu bevölkern. Gespenster mit gestreifter Häftlingskleidung schleichen wie Schatten: die einen forschen Schrittes, andere laufen in unterschiedliche Richtungen.

Kleine Gruppen gehen im Gleichschritt auf dem Hauptweg, beugen sich unter schweren, dampfenden Fässern mit eisernen Ringen. Durch die Ringe sind lange Stangen geschoben, die auf den Schultern der Träger lasten. Die Fässer sind wohl mit dem Sud gefüllt, mit dem sie uns unlängst bewirtet haben.

Halbwüchsige junge Leute, ein vorzeitiger Auswurf der Menschheit, laufen hin und her, in den Händen irgendein Papier haltend; Befehle der Lagerverwaltung, bestimmt für die Häftlingsaufseher. Vor einer Baracke - bald werden auch wir sie ‚Blocks' nennen - sitzt eine kleine Gruppe kraftloser, zu Skeletten abgemagerter Gestalten - früher einmal Menschen - in Lumpen oder befleckte Hemden gekleidet, oder sie sitzen nackt da, den Kopf in ihren Händen haltend. Man sagt mir, sie seien krank und warteten auf ihre Einweisung in die Krankenstation...

Es hellt sich langsam auf. Das erlaubt mir Zeuge eines Vorfalles zu werden, der mich bis heute erschüttert. Eines der Fässer ist mit Krachen von den Stangen gerutscht und die siedenden Flüssigkeit ergießt sich auf die Straße. Die Träger beginnen unmenschlich zu schreien, ob infolge der Verbrühungen oder der Schläge, welche sie von den Kapos, die sofort zur Stelle sind, erhalten, ist schwer zu sagen. Ich wende meinen Blick ab in eine andere Richtung, den Hauptweg entlang, in der vagen, auf nichts gestützten Hoffnung, dort eine weniger bedrückende Aussicht zu haben.

Meine Hoffnung erweist sich als weniger unwirklich, als ich zunächst glaubte. So wie im Theater oder im Kino erfolgte eine völlige Änderung der Szene. So extrem, daß ich meinen Augen nicht traute. Auf diesem Hauptweg, aber näher am Eingangstor, schleicht eine Gruppe Häftlinge, bekleidet wie wir, in gestreiften

Drillich, beladen mit merkwürdigen Geräten, deren Form mir bekannt vorkommt. Aber nur, weil sie mir bekannt vorkommen, gebe ich dem Wunsch nicht nach, sie wären das, was ich denke. Vielleicht...? Nein, das ist unmöglich, das ist Einbildung, Fieberphantasie, die nahe an eine durch den Beruf erlittene Deformation grenzt. Und trotzdem...

Im Zustand höchster Erregung beobachte ich jede Bewegung der Träger dieser merkwürdigen, aber mir gut bekannten Geräte. Jetzt, wo sie senkrecht stehen, in richtiger Folge zueinander, mit Schemeln vor jedem Gerät, schwinden meine Zweifel, machen dem neuen Rausch Platz. Das sind Noten-Pulte!

Aus grob behauenem Holz, unhandliche, unförmige, aber richtige Noten-Pulte! Ein rauher Schrei: „Achtung!" reißt mich aus Sprachlosigkeit und Unglauben. Gedankenlos äffe ich die anderen nach und erst nach ein paar Minuten ist mir klar, daß wir wieder das Auf- und Abnehmen der Mützen exerzieren. Aber diesmal dauert es nicht so lange, nicht deswegen, weil wir es besser machen, nur wegen des Morgenappells, der soll in einer Minute unter der wachsamen Aufsicht des Blockführers beginnen, dieser Appell unter praktischer Benutzung der ‚erlernten' Fünferaufstellung.

Ich bin wie abwesend bei dieser schrecklichen Zeremonie, an der ich zum ersten Mal teilnehme. Meine Gedanken folgen nur mit Schwierigkeiten den mechanischen Bewegungen. Die vor einem Moment gesehenen Pulte und Schemel geben mir keine Ruhe, tragen mich in eine andere Sphäre, weit weg von den mich umgebenden Alpträumen. Ich konzentriere mich und versuche zu verstehen - als ob der Verstand hier was zur Sache täte. Pulte sind für Noten vorgesehen und Noten - für Musik. Wer spielt hier? Die Henker oder ihre Opfer? Was wird hier gespielt? Totentänze? Nazi-Hymnen? Trauermärsche?

So frage ich mich unbewußt, und mit den gleichen Fragen werden mich Leute in drei Jahren bestürmen, wenn ich , meinem mir damals noch bevorstehendem Schicksal zum Trotz, wieder ein freier Mensch bin.

Nach dem Appell jagen sie uns noch einmal in unsere Höhlen. Es kommt ein neuer Befehl: „Nummern annähen!“ Welche Nummern? Wo annähen? Bald wird alles klar. Es geht um die Nummer, die uns in den linken Unterarm eingebrannt wurde. Aber woher nimmt man Nadel, Faden, Bleistift, etwas Stoff?

Ich bin unnötig nervös. Alles ist schon vorbereitet. In den Blocks warten Spezialisten dieses Zeremoniells auf uns. Für eine Scheibe Brot, eine Portion Margarine oder Marmelade nähen sie dir die Nummer auf den richtigen Fleck - die linke Brustseite - eine schöngeschriebene Nummer und daneben zwei aufeinandergelegte Dreiecke, das eine gelb, das andere rosa; sie bilden ein schändendes Brandmal - den sechszackigen Davidsstern. Das sind keine ‚amtlichen‘ Schneider, sie sind es aus Not und Findigkeit. Es gibt nicht viele von ihnen, und sie betreiben dieses ‚Handwerk‘, weil sie wissen, die Neuankömmlinge schaffen es nicht allein und sind auf ihre Gnade oder Ungnade angewiesen. Dies ist eine kleine Vorankündigung auf einen Tauschhandel riesigen Ausmaßes, auf den ich im Laufe der Zeit stoßen werde; während einer langsamen Gewöhnung an die neue Gesellschaft, an ihre Sitten und Gesetze.

Diese Garderoben-Vorbereitungen, unterbrochen durch Raufereien und Handel um jedes Gramm Brot, werden den ganzen Tag bis zum Abendappell anhalten. Endlich kann ich mich hinlegen in meiner Hundehütte und versuchen, mich mit meinen Gedanken vom Rest der Welt zu isolieren. Eines ist für mich entsetzlich klar: ich bin in einer Falle, aus der es keinen Ausweg gibt, es sei denn, in eine andere Welt. Ich sehe mich um, zu den Nachbarn - genau solche Bettler wie ich. So sehen heute Geschöpfe aus, die vor nicht langer Zeit Menschen waren, Familien und Freunde hatten, arbeiteten, und mit guter Hoffnung in die aussichtsreiche Zukunft sahen. In dieser Welt tobt ein Krieg, Unfaßbares geschieht, die Leute kämpfen für den Sieg des Guten über das Böse. Und wir hier.

Ein Schuß, ein zweiter, dritter... Sicher, das stimmt, ich kann noch ‚in den Draht gehen'. Also ist nicht alles verloren. Vielleicht morgen, übermorgen, mal sehen. Nun lenken die bereits gehörten regelmäßigen Schläge meine Aufmerksamkeit ab, zwei ferne, drei nahe, zwei ferne, drei nahe... Ich weiß jetzt, was es ist: das sind die Schläge der großen Trommel, ein Bestandteil des Orchesters. Dann höre ich sie nicht mehr, da sie durch den Klang der Trommel verdeckt ist. Also gibt es hier ein Orchester. Das erklärt die Sache mit den Notenständern.

Später werde ich zur Arbeit geschickt. Ich rücke mit dem Morgenkommando aus und kehre am Abend zurück. Das eine, wie das andere geschieht zu den Klängen der Marschmusik, die ich nicht höre, weil ich sie nicht hören will. Ich werde dieses ‚Arbeiten' nicht beschreiben, denn ich möchte schnell zur Musik, dem Hauptthema dieses Buches kommen. Jeden Tag - ich fühle es fast physisch - verliere ich ein Kilo nach dem anderen, wie viele mir geblieben sind, weiß ich nicht. Auf jeden Fall ein ausreichendes Minimum, denn nach zwanzig Tagen der Schufterei bin ich noch am Leben.

Jeden Abend liege ich auf meinem Strohlager und denke darüber nach, wie lange ich es noch ertrage. Eine nichtamtliche Statistik besagt, daß es ein Häftling durchschnittlich höchstens sechs Wochen aushält, außer, wenn er es vorzieht, vor Ablauf dieser Frist ‚in den Draht zu gehen'. Also habe ich noch drei Wochen vor mir, eine Ewigkeit. Dieser erlösende Draht läßt mir keine Ruhe, eine unwiderstehliche Versuchung. Gehen? – Oder nicht gehen?

Nein! Ich werde nicht ‚in den Draht gehen'. Jedenfalls nicht sofort. Ich werde dann gehen, wenn ich es wirklich nicht länger ertrage. Vielleicht irgend etwas, vielleicht irgend jemand...?

Das, was gleich nach dieser frommen Hoffnung folgt, wie auf Abruf, ist der Vergleich mit der Szene, in der Faust, statt den Giftbecher zu trinken, Mephisto anruft, damit er seine verirrte Seele rettet, ihm die Jugend und die Lebenslust zurückbringt. Mein hoffnungslos geflüstertes „vielleicht etwas, vielleicht jemand" hat sich als magisches Zauberwort erwiesen. Nur mit dem Unterschied, daß statt Mephisto, gleichsam mein Erlöser aus der Erde auftaucht, das erste Wunder in der langen Reihe der Wunder, die nacheinander mein Leben erhalten und mir die eingebüßte Freiheit wiederschenken.

Mein Wohltäter – das ist der Blockaufseher, der Chef unserer Baracke. Hochgewachsen, breitschultrig, ein wahrer Athlet steht er, wie absichtlich neben meiner Koje und ruft mit Stentorstimme in polnisch: „Ist hier jemand, der polnisch spricht und Bridge spielen kann?" Fast verstehe ich nicht, worum es ihm geht, aber instinktiv höre ich auf, mein Brot zu kauen, springe aus der Koje und stehe „Hab' Acht" vor ihm. „Komm!"

Andere Kandidaten gibt es nicht. Wie ich später erfuhr, waren in meinem aus Frankreich kommenden Transport nur wenige, die polnisch sprachen. Also war ich ein eigenartiger Auserwählter des Schicksals.

Ein paar Minuten später sitze ich, schmutzig und unrasiert, glaube meinen Augen und Ohren nicht zu trauen, am Bridge-

Tisch in der Privatstube des Blockführers in der Gesellschaft zweier anderer sogenannter „Prominenter" in gestreiftem Drillich und spiele Robber hinter Robber wie ein Gleicher unter Gleichen. Die beiden Kerle sind auch Blockführer, aber in anderen Blöcken. Sie treffen sich abends, um nach der Plackerei des Tages ein wenig auszuspannen. Jeder von ihnen hat schon einige oder viele Häftlinge gefoltert, manches Mal bis zum Tode, nicht ohne eigenes Interesse, da ihm das erlaubte, sich die Rationen der Toten anzueignen. Jetzt glaubten sie sich ihre Erholung wohlverdient zu haben. An diesem Abend ist „der vierte Mann zum Bridge" mit dem Empfang der nächsten Opfer in seinem Block beschäftigt. Ihm verdanke ich diese ehrenvolle Rolle, die mir zuteil wurde: die Rolle des würdigen Partners eines Menschen, der vielleicht morgen mein Henker sein kann. Das Schicksal wollte es, daß mein potentieller Mörder mein Retter wurde. Ich kenne seinen Namen, aber ich erwähne ihn nicht. Wenn er noch lebt, soll ihm der Rest des Lebens fließen wie „auf einer grünen Aue", „süß und glücklich". Und wenn er tot ist, möge die Erde ihm leicht sein.

Während einer der Partien ist es mir gelungen, ihm diskret mitzuteilen, daß ich Geiger und Komponist bin. Er sieht mich mit bitterem, ehrlichen Vorwurf an:

„Wieso hast Du mir früher nichts davon gesagt? Morgen bleibst Du im Block, ich werde Dich zur Kapelle bringen." Sein Kumpel beginnt zu lachen und fügt hinzu:

„Und wenn Du genommen wirst, kannst Du vielleicht ein bißchen länger leben, ha, haha!"

Alle drei beginnen nun zu lachen. Es fehlt nicht viel, und ich hätte diese Fröhlichkeit mit ihnen geteilt.

Mein Wohltäter hat viel mehr für mich getan, als er damals versprach. Nach dem Spiel hat er mir die Haare geschnitten, mich rasiert und befiehlt mir, mich in der Schale mit dem heißen Sud zu waschen, der uns als „Tee" zugeteilt wird und trägt mir auf, mich morgen bei Tagesanbruch bei ihm zu melden.

Schon der Gedanke, morgen nicht außerhalb des Lagers arbeiten zu müssen, erfüllt mich mit einer seit langem nicht erlebten Hoffnung.

Nein, ich gewöhne mich noch nicht an alles, und werde es wohl auch nicht so bald. Die blendende Sicht, die sich mir beim Betreten der Schwelle des Blockes 15 bietet, berührt mich tief. Zuerst blicke ich, quasi berufsbedingt, auf einen Bretterverschlag, ein paar Meter vor mir, wo verschiedene Blas-, Blech- und Holzinstrumente, alles auf Hochglanz poliert, hängen. Ich unterscheide folgende: eine riesige Helikon-Tuba, eine Posaune, einige Trompeten, Tenor- und Althörner, wie auch ein Saxophon, Klarinetten, zwei Flöten, eine große und eine Pikkolo. In einer der Ecken steht ein an die Wand gelehnter Kontrabaß mit Bogen, der hinter die Saiten gesteckt ist. In einer anderen Ecke eine große Trommel mit Tschinellen und eine kleine Trommel mit allem Perkussionszubehör. Auf einem speziell dafür gefertigten breiten, robusten Regalbrett stehen einige Harmonikas und Geigen in Futteralen. Eine davon, ein wenig größer als die anderen, scheint eine Bratsche zu sein. Ich stelle fest, daß ein Violoncello fehlt. Ein zweites, etwas kleineres Regalbrett liegt voll mit Partituren und einem Bündel unbeschriebener Notenblätter.

Die Vision entschwindet. Die Realität holt mich auf den Boden zurück. In diesem Raum, der nicht Vorhalle noch Vorraum ist, sitzen zwei Männer an einem großen Tisch und frühstücken. Der Geruch von gebratener Wurst mit Zwiebeln quält meinen Gaumen. Ich schlucke den Speichel hinunter. Paradoxer Weise fällt mir eine Zeile Puschkins ein: „Was bringt mir der kommende Tag?“

Mein Engel - der Bridgespieler - der mich herbrachte, nähert sich dem älteren Manne, flüstert ihm etwas ins Ohr und zeigt auf mich. Das ist wohl der Dirigent des Orchesters, er hat ein gewinnendes Äußeres, scheint ein guter Mensch zu sein. Im ersten Moment denkt er, ich wäre Franzose, weil er weiß, daß mein Transport aus Frankreich kam. Aber bald darauf strahlt er, als er erfährt, daß ich eigentlich Pole bin und er mit mir polnisch reden kann. Er gibt mir eine Geige und läßt mich etwas spielen.

Meine Finger sind steif und verletzt, meine Schulter schmerzt. Der Bogen entschlüpft meiner rechten Hand; zum Glück ist die linke fast unversehrt. Mir scheint es wäre am besten, etwas technisch Effektvolles zu spielen, und ohne zu zögern wage ich mich an die ersten Takte eines Mendelssohn-Konzertes, vergesse ganz, daß er ein jüdischer Komponist ist und das Spielen seiner Musik in Deutschland, sowie in den von den Deutschen besetzten Ländern, verboten ist. Zum Glück gibt mir der Dirigent nach ein paar Noten das Zeichen zum Abbrechen.

„Gut. Die Technik ist gar nicht übel. Sag Deinem Blockführer, daß Du angenommen bist und er die Verlegung auf diesen Block erledigen soll. Er soll mit Dir auch zur Kleiderkammer gehen und Deine Lumpen gegen einen ordentlichen gestreiften Drillich umtauschen. Wir gehen jetzt spielen und inzwischen übst Du draußen noch ein bißchen, denn Deine Finger arbeiten nicht einwandfrei. Aber morgen gehst Du mit allen anderen hinaus.

Mein Blockführer scheint sicherlich ein Mann des Wortes zu sein. Wenn er jemanden töten will, dann wird er ihn töten. Will er jemandem helfen, dann hilft er bis zum Ende. Ich habe schon alle meine Aufnahmeformalitäten erledigt und die Bekleidung bekommen. Ich sehe einigermaßen aus und habe ein wenig Zeit, um

Finger und Bogen mit ein paar wirksamen Übungen aufzuwärmen. Ich kann das nicht im Block machen, um die Notenschreiber nicht zu stören. So setze ich mich auf ein kleines Hügelchen zwischen unserem und dem Nachbarblock und achte nicht auf die merkwürdigen, ein wenig spöttischen Blicke der vorübergehenden ‚Lageraristokratie'; ich mache mit Begeisterung langweilige, aber nützliche Übungen, spiele Tonleitern und Läufe, um den strapazierten Fingern ihre alte Fertigkeit zurückzugeben.

Ein paar Schritte vor mir erhebt sich die unendliche Reihe der Betonpfosten, deren obere Enden in meine Richtung umgebogen sind. Diese Pfosten sind mit parallel laufenden Stacheldrähten verbunden, hochspannungsgeladen. Aber der Draht lockt mich nicht mehr, ich habe ihn als zweifelhaften Halt der Rettung abgelegt. Die Geige, die ich halte, ist mein Schutzschild geworden.

Ein wenig weiter - eine zweite Pfostenreihe, mit zur Gegenseite gebogenen Enden. Zwischen den beiden Reihen verläuft ein Weg, auf dem von Zeit zu Zeit träge vollbeladene Wagen dahinschleichen, gezogen oder geschoben durch gestreiftes Vieh, das den menschlichen Wesen ähnelt.

Ich übe hartnäckig weiter, und rede mir ein, daß mich außer Geige und Orchester nichts zu interessieren hat. Aber mein Blick wird von diesen seltsamen Gestalten angezogen, die hinter dem zweiten Draht vorbeiziehen. Was sind das für Geschöpfe? Menschliche Wesen? Zwerge? Kinder? Einige von ihnen kommen dem Draht sehr nahe und da erkenne ich sie! Diese Geschöpfe, bekleidet mit abgenutzten Sowjet-Uniformen, den rasierten Schädeln und den grauen abgemagerten Gesichtern - das sind Frauen! Eigentlich waren es einmal Frauen. Sie bemerken mich, enthüllen die mageren Schultern und die geschwollenen Beine, rufen mit ans Betteln gewohnter Stimme: „Brot! Brot!"

Plötzlich verschwinden die Frauen wie Gespenster. Auf dem Weg erscheint ein SS-Mann. Er bleibt stehen und hört sich durch den Draht meine Übungen an. Ich springe auf und ziehe vorschriftsmäßig meine Mütze, stehe stramm. Der Deutsche macht eine ermutigende Handbewegung: Weitermachen! Dann geht er.

Ich beginne mit doppelter Energie wieder zu üben.

Das Lager ist irgendwie menschenleer geworden. Vermutlich sind die Kommandos schon lange bei der Arbeit. Ich habe plötzlich Angst vor der eigenen Einsamkeit. Die Finger sind immer noch unbeweglich, die rechte Schulter schmerzt. Ich entscheide mich, in den Block zurückzugehen um zu sehen, was dort geschieht, was die vom Spielen zurückgekehrten Musiker tun.

Ich treffe dort drei Männer an, statt der zwei. Alle drei sind mit Notenschreiben, vielleicht mit Notenabschreiben, beschäftigt. Die Instrumente hängen wie heute morgen an den Haken, als ob sie in der Zwischenzeit niemand berührt hätte. Aber wo sind die Musiker geblieben? Ich frage schüchtern den Dirigenten.

„Wieso wo? Sie sind mit den Kommandos zur Arbeit gegangen!"

Ich bade in Schweiß.

„Mit welchen Kommandos?", stottere ich bedrückt. Die Antwort kommt aus dem Munde eines kranken, aber offensichtlich mit großem Humor begabten Herren neben dem Dirigenten:

„Was macht es für einen Unterschied mit welchem? Und bald gehst Du auch direkt zum Himmelfahrtskommando!"

„Himmelfahrtskommando". Das bedeutet direkt in den Himmel.

Keiner hat gelacht. Der Dirigent schreibt weiter. Der Dritte, ein sanfter, gutmütiger Brünetter, schaut mich vielsagend an, als wolle er mir zu verstehen geben, daß ich mir das nicht zu Herzen nehmen solle.

Dieser Blick sollte sich als prophetisch erweisen: zum Himmelfahrtskommando kam am Ende der, der mich heute dorthin schickt.

Weil er eine der Hauptpersonen meiner Erzählung ist, erlaube ich mir, den Ereignissen vorausgreifend, alle drei dem Leser vorzustellen:

Franz Kopka, Trommler und Orchester-Kapo. Jan Zaborski, Orchesterdirigent und gleichzeitig auch Tuba-Spieler. Und der Brünette mit dem prophetischen Blick - Ludwik Żuk-Skarszewski, Geiger, Klarinettist, Notenschreiber, Arrangeur und - mein zukünftiger zweiter Retter.

Ich habe solch ein Lampenfieber, als sollte ich vor einem großen Kreis von Kennern und Musikkritikern auftreten. Das ganze Orchester stellt sich ordnungsgemäß in Fünferreihen auf, in dem Hauptweg auf der Höhe unseres Blocks und in einiger Entfernung vom Podium, zu dem wir gleich unsere Schritte lenken werden. Zu meiner großen Verwunderung und nicht geringem Schrecken befindet sich an der Spitze des Ensembles Franz Kopka. Mit triumphierendem Gesicht hält er einen kleinen Dirigentenstab in der Hand. Zaborski aber, der offizielle Kapellmeister, stellt sich ans Ende mit der Helikon-Tuba auf den Schultern. In der ersten Reihe erblicke ich einige Trompeten, dahinter Tenor, Alt, Bariton; danach die Akkordeons, Klarinetten, Saxophone, kleine und große Trommel mit Tschinellen. Zu allerletzt, hinter der Tuba, die Violinspieler - unter ihnen auch ich - wir halten die geschlossenen Geigenkästen im Arm, weil wir im Gehen nicht spielen können.

Kopka gibt den Befehl: „Vorwärts! Marsch!“ und nennt den Titel des Marsches, den wir zu spielen haben. Gleichzeitig gibt die kleine Trommel den Rhythmus an, gefolgt von dem ohrenbetäubenden Dröhnen der großen Trommel, alles zu dem Zweck, daß unsere Schritte fehlerfrei im Gleichklang skandieren. Es ertönen die Klänge eines lauten, schwungvollen Marsches, das straff geführte Kommando bewegt sich gedrängt in Richtung des Lagertores. Dort befindet sich ein Podium, auf dem schon die Notenständer stehen, und wo unser eigentlicher Auftritt stattfinden wird.

Unterwegs werden wir von den Kapos freudig begrüßt. Diese sind damit beschäftigt, ihre Kommandos zum musterhaften Ausmarsch aufzustellen. Nach einigen Minuten sind wir neben der Bühne.

Kopka unterbricht das Spiel und den Marschzug, hebt und senkt energisch den Kapellmeisterstab. Die Musiker hasten auf ihre Plätze, legen die Noten auf die Notenständer, die Violinisten nehmen ihre Instrumente aus den Futteralen, stimmen sie, zupfen die Saiten mit den Fingern und lauschen ihnen konzentriert nach.

Ich bin bereit, den ersten Marsch zu beginnen und warte auf ein Zeichen. Aber Kopka hat es nicht eilig. Er ist bei guter Laune und nennt, an die wenigen Musikkenner gerichtet, den Namen eines Tangos. Außer mir sind bestimmt alle an dieses Ritual gewöhnt. Es ist noch früh, die Kommandos sind noch nicht aufgestellt, wieso sollte man das Warten nicht angenehmer gestalten?

Kopka hat den Stab zur Seite gelegt und dirigiert mit zwei Fingern, d. h. mit Zeige- und Mittelfinger jeder Hand, er macht dazu Bewegungen mit dem ganzen Körper, die lustig sein sollen und schneidet dabei ein Gesicht wie ein erfahrener Kenner. Zum Glück achten die Musiker nicht darauf, sonst kämen sie bestimmt aus dem Rhythmus.

Der Schrei eines SS-Mannes vom Wachturm unterbricht den

ausschweifenden Tango. Kopka läuft zum Tor und steht vor einem der Offiziere stramm. Sofort rennt er wieder zurück und nennt der Musikergruppe einen neuen Tanztitel. Und nun ertönen die Klänge eines Jazz-Hits, den ich unlängst noch in Freiheit gehört hatte. Diesmal wird bis zum Ende gespielt und die letzten Akkorde werden mit rauschendem Beifall der in der Nähe stehenden Kommandos bedacht.

Es entsteht ein erneutes Geschrei: „Los! Musik!“ Das Tor öffnet breit beide Flügel. Es folgen die mir wohlvertrauten Klänge des Marsches „Alte Kameraden“. Gleichzeitig bewegen sich die einzelnen Abteilungen der Kommandos gemäßigten Schrittes dem Ausgang zu, wo das flinke Abzählen und Notieren der Anzahl der Ausrückenden stattfindet.

Nach der Rückkehr muß der Zahlenstand der Kommandos genau mit der notierten Anzahl übereinstimmen, sonst - wehe uns allen!

Erschrocken bin ich von den entsetzlich falschen Tönen mancher Blasinstrumente. Auch die Bögen unserer Streicher können hier nicht helfen. Sie gehen jedoch glücklicherweise in den lauten Schlägen der Trommel und dem gleichzeitigen Klirren der Tschinellen unter. Dieses sind die gleichen Klänge, die ich bereits in den ersten Stunden meines Aufenthaltes hier von weitem hörte.

Das letzte Kommando hat bereits das Lager verlassen. Wir nehmen unsere Instrumente, stellen uns in der Hauptallee auf, aber in entgegengesetzter Richtung. Es wiederholt sich das gleiche Zeremoniell mit der Militär-Trommel, der großen Trommel, den Tschinellen und wieder erklingen die falschen Akkorde des lustigen Marsches, der uns zurück zum Block führt. Dort stellt jeder von uns das Instrument auf seinen Platz, und dann gehen fast alle Musiker zurück auf den Hof. Ich überlege, wohin sie wohl gehen und was ich machen soll: hier bleiben oder ihnen folgen? Vor diesem Problem rettet mich der schrille Ruf des Franz Kopka: „Raus! Hau ab hier! Geh an die Arbeit! Ich will hier keinen sehen!“ In der Tat, ich entsinne mich, daß Kopka etwas von einem Kommando erzählte, das sich schließlich als ein Himmelfahrtskommando erweisen könnte.

‚Ich haue ab‘, laut Befehl. Auf dem Hof hat sich der Rest der Musiker brav in Fünferreihen aufgestellt, bereit zum Ausmarsch aus dem Lager, offenbar getreu der täglichen Routine. Der Baritonspieler, der Vorarbeiter des Musikerkommandos ist, wartet, daß ich mich den anderen anschließe. Wir gehen zur Arbeit, wie der Rest des Lagers. Nur mit dem Unterschied, daß unser Ausmarsch nicht von Musik begleitet wird...

In dem Block sind nur die drei Privilegierten geblieben: Zaborski, Kopka und Żuk.

Ich werde die Tage, an denen ich die Doppelrolle des Musikers und Galeerensträflings spielte, auch nicht beschreiben. Im übrigen wußte ich nicht, wie lange es dauern würde, aber ich wußte, daß es nicht lange sein konnte.

Wir rückten immer etwas später als die normalen Kommandos aus, gleich nachdem wir den Marsch gespielt hatten, und kamen etwas früher zurück, um für das Willkommenszeremoniell für die von der Arbeit wiederkehrenden Kameraden schon da zu sein. Vielleicht war es nur eine psycho-akustische Täuschung, aber mir schien es, als ob wir abends langsamere Märsche spielten, um mit den Zurückkehrenden Schritt zu halten. Die Menschen gingen nicht von selbst, nur träge und schwer, einige von ihnen trugen auch die leblosen Körper der Verletzten, Ohnmächtigen und Toten, die zurück ins Lager ‚kommen‘ mußten, um die erneute Prüfung der Gesamtzahl zu ermöglichen.

Morgens und abends – Musik zwischen der einen und der anderen schweren Arbeit. Die einzige Abwechslung für uns waren die Schläge, die unsere ‚Mitbrüder' uns gaben. Sie taten das nicht nur, wenn ein SS-Mann vorbeikam, sondern oft auch ganz einfach nur ‚so', als Symbol ihrer Macht, „l'art pour l'art", um sich selbst und ihre Bedeutung zu bestätigen.

Dazu kam der nagende Hunger, den man nicht stillen und auch nicht unterdrücken konnte durch das, was an uns in der einen Stunde Mittagspause als theoretisch ein Liter Suppe verteilt wurde. Und dieser brennende Durst. Selbst im Lager kann man ihn nicht löschen, da das Wasser in Birkenau irgendwie „verkupfert" war; es hatte merkwürdigerweise eine kupferne, abschreckende Farbe und war auf jeden Fall ein tödliches Gift.

Jeden Abend stelle ich mir die gleiche Frage: Wie lange halte ich das aus? Ich denke an das boshafte Gekicher meines Bridge-Mitspielers vor kurzem: „Wenn du angenommen bist, lebst du vielleicht ein bißchen länger!" Etwas länger? Das bedeutet: wie lange? Ein paar Stunden? Ein paar Tage? Wochen?

Und dann folgt, genau eine Woche nachdem ich im Orchester aufgenommen wurde, ein neues Wunder: Eines Morgens, nachdem unser Musik-Orchester bereits die vorgeschriebene Marschmusik gespielt hatte und dabei ist, mit einem vollbeladenen Kohlewagen das Lager zu verlassen, kommt Ludwik Żuk aus dem Block 15 angelaufen und teilt unserem Baritonspieler und Vorarbeiter mit, daß er mich in den Block zum Notenschreiben zurückholt, da ich zum ‚Notenschreiber' ernannt worden sei, und nicht mehr zur Arbeit ausrücken werde...

In der Vergangenheit hatte ich sicher mehrmals die Möglichkeit gehabt, über dieses und jenes mit Żuk zu sprechen: über unser gemeinsames Unglück und natürlich auch über Musik ganz allgemein wie auch über das entsetzliche Zusammenspiel unseres Ensembles. Ich hatte sicher das Recht anzunehmen, aus unseren Gesprächsfetzen würde sich im Laufe der Zeit wenn nicht eine Freundschaft, so doch mindestens eine gute Kameradschaft entwickeln. Aber hätte ich mir vorstellen können, daß derselbe Zuk indem er die eigenen, arischen Beziehungen ausnutzte, versuchen würde, sich sehr energisch dafür einzusetzen, mich aus dem Arbeitskommando zu holen und meine offizielle Zuweisung zum ‚Notenschreiber-Ensemble' zu erreichen? Und dies gegen den Willen Kopkas, dem Verantwortlichen für den schrecklichen Klang unseres Orchesters, ja sogar ihm zum Trotz?

Er hat mir später erzählt, daß er von Anfang an Sympathie für mich empfand, einen „wahren Musiker" in mir erkannte und sich vornahm, alles, was er tun könne, zu tun, um mich ausschließlich zur musikalischen Zusammenarbeit heranzuziehen. Und das hat er gemacht.

Zaborski hatte meiner Nominierung mit der für ihn typischen Gutmütigkeit, ich möchte sogar sagen, mit schlecht verborgener Zufriedenheit, zugestimmt. Zuk erzählte mir später, daß Zaborski Organist in Biala Podlaska war und wegen der Beteiligung an der Produktion von falschen Papieren und Geburtsurkunden für Juden ins Lager deportiert worden war. Er war offiziell zum Kapellmeister des Orchesters ernannt worden, aber Kopka nutzte seine Gutmütigkeit und Unbeholfenheit aus, um sich auf den ersten Platz zu drängen; hierbei half ihm seine angebliche, durch die Verwaltung aber anerkannte, deutsche Herkunft.

Kopka brachte mir zum Ende hin – wie ich es vorausgesehen hatte – noch stärkeren Haß entgegen als früher. Ich gebe zu, das beruhte auf Gegenseitigkeit. Nur versteckte er seinen Haß nicht, während ich schweigend und fügsam hassen mußte. Es störte mich nicht, daß - wie ich mit Żuk übereinstimmend feststellte - Kopka durch meine ständige Anwesenheit irgendwie verängstigt war und diese Angst ihren Ursprung wohl in irgendeiner nebelhaften Vorahnung lag. Die Zukunft sollte zeigen, daß diese Vorahnung ihn nicht täuschte.

Ludwik Żuk-Skarszewski war zusammen mit anderen Professoren wegen ‚geheimer Lehrtätigkeit' verhaftet und am 3. Juni 1942 nach Auschwitz I deportiert worden. (Also kaum eineinhalb Monate vor meiner Ankunft in Birkenau). Er bekam die Nummer 37939. In diesem Ur-Auschwitz, gegründet im Juni 1940, existierte seit längerer Zeit ein vielköpfiges Orchester unter der Leitung des berühmten Franz Nierychlo, einem Schlesier, der gleichzeitig - man weiß nicht aus welchem Grund - Kapo (also Chef) der Häftlingsküche war. Nach dem jedem zukommenden Quantum physischer Quälerei kam er als Geiger zum Orchester. Bald darauf erhielt Nierychlo, eine Lager-Skurilität, von der Lagerleitung den Befehl, sechzehn Musiker nach Birkenau zu überstellen, da der dortige Kommandant ebenfalls seine eigene Lagerkapelle haben wollte. Unter diesen sechzehn befand sich auch mein zukünftiger Freund Żuk.

Unser Ensemble vergrößerte sich langsam aber stetig. Tag für Tag spülten die Züge Tausende von Juden aus ganz Europa auf die Rampe des Auschwitzer Bahnhofs, aber nur ein Teil von ihnen verstärkte das Lager, der Rest ging direkt in die Gaskammer. Żuk tat was er konnte um herauszufinden, ob sich unter den Deportierten Musiker befanden. Kopka protestierte nicht, weil er wußte, daß dies auch der Wunsch des Kommandanten war. Also kamen einige Franzosen, ein paar Griechen, Juden aus Polen und

Deutschland und vor allem Holländer zu uns, die sich als perfekte Instrumentalisten, man kann sagen: Virtuosen erwiesen. Natürlich sprach niemand von ihnen polnisch, was bedeutete, daß ich eine neue unheimliche Rolle bekam, die nichts mit Musik zu tun hatte. Es stellte sich nämlich heraus, daß ich, außer Zaborski und Kopka, meinen beiden offiziellen und tatsächlichen Vorgesetzten, noch einen dritten, weit gefährlicheren hatte als Kopka. Dieser ‚dritte Mann' - das war Walerian Agdan, der (falsch) Zieharmonika spielte; er hatte gleichzeitig die Aufgabe des Stubendienstes, des ‚Stubenmannes' inne, er war verantwortlich für die Ordnung im Block und das Einhalten der ordnungsgemäßen Disziplin. Aber weil ihm sehr daran lag, daß „diese ausländischen Jüdlein" wußten, weswegen er sie schlagen würde, kam er auf die originelle Idee, mich als Dolmetscher seiner Befehle für die Musiker einzusetzen, die kein Polnisch verstanden.

Bei meinen Kenntnissen in Französisch, Englisch und Deutsch wäre das nichts Beunruhigendes für mich gewesen, wenn es nicht diese ungewöhnliche Klausel gegeben hätte: für die unbefriedigende Erfüllung seiner Befehle, für irgendeinen Verstoß gegen die Disziplin, wurde ich bestraft, nicht die ‚ausländischen Juden', weil ich offensichtlich die Rolle des Dolmetschers schlecht erfüllt hätte. Und die Strafe war eine bestimmte Anzahl von Knüppelschlägen auf die Hinterbacken, proportional dem Grad des Vergehens.

Der größte Alptraum war für mich die Sache mit den Decken, eigentlich Deckchen, mit denen man uns beglückte und die man nach dem Aufstehen auf eine bestimmte Weise, streng nach Vorschrift, zusammenzulegen hatte. Diese Decken hellbrauner Farbe, signiert mit dem gespenstischen Kennzeichen der Waffen-SS, waren trotzig und widerspenstig und ihre Widerspenstigkeit war nur mit großer Mühe und auch nicht immer zu überwinden. Und wenn die Kontroll-Visite des Blockführers angesagt war, zogen es viele Musiker vor, auf dem Fußboden zu schlafen, um nicht die mit Mühe am Vortag korrekt gefaltete Decke zu berühren.

Ich muß zugeben, daß mich Agdan für die Unvollkommenheit der Decken nicht gestraft hat, ihm war wohl klar, daß dies nichts mit meiner Funktion als Dolmetscher zu tun hatte. Aber aus Anlaß anderer Verstöße hat mich sein Knüppel alles in allem zweimal getroffen, nicht weil mich die ‚ausländischen kleinen Juden' falsch verstanden hatten, sondern weil ich Agdans Mundart vom Warschauer Kerceläk-Markt nur schwer verstehen konnte.

Diese zum Glück nicht allzu häufigen Vorfälle trübten meine musikalische Zusammenarbeit mit Żuk nur geringfügig. Langsam fand ich zu einer erträglichen physischen Verfassung zurück, obwohl sich das Essen nicht um einen Jota verbessert hatte, denn daß ich die unmenschliche Arbeit außerhalb des Lagers loswurde, gab mir mehr Kräfte zurück, als es zu dieser Zeit reichliches Essen hätte bewirken können. Kopka ließ mir relative „himmlische Ruhe" - nicht aus Überzeugung oder einer Stimmungsänderung, sondern weil er dazu gezwungen wurde. Das Eintreffen neuer, ausgezeichneter Musiker schaffte eine Situation, mit der der so oft kranke Zaborski, und vor allen Dingen der ungebildete Kopka, nicht klarkamen. Unser Orchester hatte nur für einige wenige, aber dauernd wiederholten Märsche Noten und unser Kommandant, Hauptsturmführer Johann Schwarzhuber, der, wie sich zeigen sollte, ein leidenschaftlicher Musikliebhaber war, hörte nicht auf, eine Anreicherung des Marsch- und Unterhaltungs-Repertoires zu verlangen. Oft brachte dieser oder jener ‚SS-Mann', Sendbote des Kommandanten, die ‚nackte' Melodie eines neuen Marsches oder irgendeines populären Stückes, die man so schnell wie möglich harmonisieren, für das Ensemble instrumentalisieren und für einzelne Stimmen umschreiben mußte. Kopka war vollkommen klar, daß er das allein nicht schaffen konnte und daß im hohen Maße seine Stellung als Orchester-Kapo von der Leistung der Arrangeure - Notenschreiber - also auch von meiner - abhängig sein würde. Er konnte die Noten nur abschreiben, also bestenfalls die fertigen Violinstimmen kopieren und das auch nur in kleiner Menge. Sein Anteil an der Anfertigung des Orchestermaterials war gering.

Zaborski, immer kränklicher, war schon fast unfähig zu jeder Arbeit und konnte kaum noch die Helikon-Tuba hinter dem marschierenden Orchester tragen. Bald war er am Ende seiner Kräfte, kam in den Krankenbau und starb dort im November 1942. So übertrug sich die wirkliche Verantwortung für das Orchestermaterial auf Żuk und mich, mit Kopkas stillschweigendem Einverständnis.

Meine Zusammenarbeit mit Żuk dauerte nicht lange. Im Oktober 1942 wurde er nach Auschwitz I zurückverlegt, wo er und noch einige andere Polen wegen der Teilnahme an einem Sprengstoffüberfall auf einen mit Munition beladenen deutschen Zug zum Tode verurteilt wurden; diese Sabotage an einem in Richtung Front fahrenden Zug ereignete sich tatsächlich in Pionki bei Radom. Das Urteil betraf alle politischen Gefangenen, die aus dem ‚inkriminierten Bezirk' stammten. Im letzten Moment, bei der Prüfung der Liste der Verurteilten, zeigte es sich, daß Żuk aus dem Bezirk Lemberg (Lwów) kam. So bewirkte die sprichwörtliche deutsche Genauigkeit, daß er dem Tode entging.

An dieser Stelle gehen unsere Erinnerungen auseinander. Nach so vielen Jahren! Was ist seltsam daran? Mir war, als ob er, nach Birkenau zurückgekehrt, kurz danach Typhus bekam und zum

Krankenbau gebracht wurde. Ich erinnere mich, nach ein paar Wochen die Nachricht von seinem Tod bekommen zu haben. Aus den ersten Briefen, die ich von ihm nach unserer ‚Wiederfindung' erhielt, geht dagegen hervor, daß er noch einmal zum Orchester zurückkehrte und mit uns bis zum 12. März 1943 gespielt hat, dann aber ins Lager Groß-Rosen abtransportiert wurde. „Und so", schrieb er mir, „trennte ich mich vom Orchester. Und ich erinnere mich an meinen Ausmarsch aus Birkenau, als Du auf dem Podium der Lagerkapelle mich traurig anschautest und dieses Bild ist mir für immer in Erinnerung geblieben."

Also irrte ich mich. Dieses ist einer der schönsten Fehler, die ich in meinem Leben gemacht habe.

Der Fortgang Zaborskis verursachte große Verwirrung unter den Musikern. Trotz seiner scheinbaren Charakterschwäche erfreute er sich einer unbestrittenen Autorität bei uns allen und hat, im Gegensatz zu anderen ‚Prominenten', niemandem aus bloßem Vergnügen Unrecht getan. Er begegnete mir mit großer Höflichkeit und sogar mit einem gewissen Respekt vor einem „Fachkollegen". Ich fühlte besonders schmerzhaft den Verlust, vor allem deshalb, weil dieser eng mit meinem weiteren Schicksal verbunden war.

Wie ich es instinktiv voraussah, versäumte es Kopka nicht, die neue Situation auszunutzen und usurpatorisch nominierte er sich selbst zum „Kapellmeister", wozu er übrigens, als Reichsdeutscher, die Genehmigung der Verwaltung bekam. (Niemand wußte, welchem Schicksal es Kopka verdankte, daß er sich, halb Pole, halb Tscheche, als reinblütiger Deutscher auf der Häftlingsliste befand). Er dachte wahrscheinlich, daß es keine Kunst sei, im Takte von Marschmusik oder anderer „Stücke“ den Taktstock zu schwingen, und daß er damit nicht schlechter als Zaborski oder irgend jemand anders zurechtkommen könnte.

So oder so, diese Selbsternennung erfüllte mich mit grausigem Schauder. Daß Kopka mich haßte, das wußte ich seit langem, aber er war sich auch im klaren über meine Gefühle für ihn. Ich war sicher, sein erster Befehl würde nicht nur meine Verbannung aus der Schreibergruppe, sondern aus dem Orchester überhaupt sein, und die Versetzung zu irgend einem schweren Kommando. Doch die Ereignisse verliefen ganz anders.

Sich an der Spitze eines über dreißig Personen zählenden Ensembles befindend, ist es Kopka sofort klar, daß er den ihm gestellten Aufgaben nicht gerecht werden würde. Unabhängig vom Dirigieren selbst, müssen sofort neue Orchesterstücke vorbereitet werden, das heißt Harmonisieren und Instrumentieren immer neuen Orchestermaterials, was heißt, immer neue Musikstücke zu komponieren und zu instrumentieren, auf einzelne Stimmen umschreiben, neue Märsche im deutschen Stil zu schaffen oder alte aus dem Gedächtnis rekonstruieren; je nach Wunsch des Kommandanten oder seiner Untergebenen. Ich bin zur Zeit der einzige, der dieser Aufgabe nachkommen kann, und das weiß Kopka sehr gut. Dies führt zu einem ‚stillschweigenden‘ gegenseitigen Übereinkommen, das sich als ebenso günstig für ihn wie für mich erweist: Kopka erntet Anerkennung dank meiner Arbeit und meiner Kenntnisse, und ich kann ruhig im Block sitzen, meine pseudoschöpferische Musikertätigkeit ausleben und versuchen, in ihr ein wenig Vergessen zu finden.

Kopkas Aufgabe als Notenschreiber erschöpft sich im Kopieren mancher von mir bereits geschriebener Stimmen. In seinen Augen schmälert das aber nicht seine Autorität. Er befiehlt irgendeinem Schneider eine schwarze seidene Binde mit sorgfältig gestickter silberner Lyra, dem Symbol der Musik, herzustellen und paradiert mit ihr an der Spitze des Orchesters, den Taktstock schwenkend; zum Glück schenkt ihm niemand Aufmerksamkeit.

Er gewinnt für sich einen Koch, einen kürzlich aus Polen gekommenen Violinisten, der für ihn leckere Mahlzeiten aus Wurst, Margarine, Kartoffeln und Zwiebeln oder Knoblauch zubereitet. Woher Kopka all diese ungeahnten Schätze nimmt, weiß keiner von uns. Es ist nur bekannt, daß er alle paar Tage den Block für eine halbe oder ganze Stunde verläßt und dann entweder mit Proviant beladen oder aber mit leeren Händen, deprimiert und verärgert über alles und jeden, zurückkehrt.

Die unerbittliche Wirklichkeit des Lagers trübt jedoch diese scheinbare Idylle und hält täglich eine gespenstische Todesernte nicht nur unter den gewöhnlichen Häftlingen, sondern auch unter den Musikern. Außer den wenigen Privilegierten gehen alle wie früher zur Arbeit und kehren im Zustande äußerster physischer und moralischer Erschöpfung zurück. Einige überstehen das irgendwie, andere aber brechen völlig zusammen. So mancher wirft sich in den Draht. Die Zahl der Orchestermitglieder ändert sich fast täglich, manchmal verkleinert sie sich in katastrophaler Weise. Dazu kommt, daß sich Agdan eines Tages mit der Drohung auf mich stürzt:

„Du, Dolmetscher, sag diesen Hurensöhnen, wenn sie nicht aufhören in den Draht zu gehen, dann werde ich sie alle töten wie die Köter!“ Es ist mir aber - nicht ohne Schwierigkeiten - gelungen, ihm klarzumachen, daß es besser sei, wenn einige Musiker fehlten statt des ganzen Orchesters, dessen wesentliche und besten Mitglieder „ausländische Juden“ wären.

Walerian Agdan ist in der Tat eine merkwürdige Persönlichkeit. Sein pockennarbiges Fuchsgesicht, das schräge Augen und eine spitze Nase schmücken, glüht vor Menschen- vor allem aber vor Judenhaß. Die deutsche Rassentheorie ist für ihn nicht nur Glaube: er wendet sie eifriger an als mancher Nazi. Aber gleichzeitig glimmt in seinem Bewußtsein ein seltsamer Funke eines falsch verstandenen Patriotismus für die polnischen Juden. Als an uns im Winter 1942 Strickjacken und Ohrenschützer ausgegeben werden, sind sie und die Polen die einzigen, die die Ohrenschützer ablehnen. Sie stehen während des Appells mit bloßen Ohren, während die Juden aus anderen Ländern, Franzosen, Griechen, Holländer, sich zur Erwärmung auf die Oberschenkel, die Seiten und die bedeckten Ohren schlagen. Und so höre ich an einem besonders frostigen Morgen hinter mir Agdans Stimme, die zu einem Nachbarn sagt: „Guck mal, unsere kleinen polnischen Juden haben keine Angst vorm Frost und nun schau dir mal diese ausländischen Fröstlinge an!“

Die Lagerroutine hört jedoch nicht auf, Verwüstung in die Reihen des Orchesters zu bringen. Die Musiker erkranken weiterhin, gehen in den Krankenbau, in die Gaskammer, in den Draht. Es kommen andere. Ständige, rapide Veränderungen der Anzahl unserer Ensemble-Mitglieder schaffen eine Situation, auf die ich überhaupt nicht vorbereitet bin. Das plötzliche Verschwinden eines oder mehrerer Musiker verursacht eine „Leere“ in den Akkorden, nicht selten in den Solopartien. Das zwingt mich zu der bedrückenden Pflicht, den physischen und psychischen Gesundheitszustand der weniger stabilen Kollegen aufmerksam zu beobachten und eine spezielle Art der Instrumentierung anzuwenden.

Dieses System, das in der Sprache der Musik ‚Odeon' heißt, ermöglicht die Ausführung eines Musikstückes durch eine beliebige Besetzung, unabhängig von An- oder Abwesenheit eines oder mehrerer Musiker. Man schafft dies durch das Hineinschreiben kleiner Noten der wichtigen Themen in andere Stimmpartien, so daß einer der Anwesenden den Hauptsolisten, wenn dieser fehlt, vertreten kann, indem er eben die kleinen Noten spielt. Mit der Zeit erreiche ich eine echte Meisterschaft in dieser seltsamen Kunst, und die mich sorgenden ‚Klanglöcher' kommen immer seltener vor. Erst nach vielen Monaten stabilisiert sich der Bestand des Orchesters, wird zahlreicher und mehr oder weniger stabil. Das erlaubt mir, meine Tätigkeit als musikalischer Totengräber aufzugeben.

Obgleich sich meine Beziehungen zu Kopka allgemein verbessern, ist unsere ‚Zusammenarbeit' reich an Vorfällen unterschiedlichster Art, manchmal sind es lustige, manchmal unangenehme und sogar gefährliche. Einer von ihnen ist mir besonders im Gedächtnis haften geblieben.

Eines Tages kommt der Bote des Kommandanten mit der Partitur eines neuen Marsches gelaufen, der in Deutschland bereits sehr bekannt ist, mit dem Befehl, ihn sofort ins Repertoire zu übernehmen. Der Marsch heißt: „Berliner Luft". Zum Glück haben wir in der Zwischenzeit noch einen Kopisten, Leon Weintraub, gewonnen, einen russischen Juden (der aus Frankreich kam), der Saxophon und Geige spielt. Beide, Kopka und er, kopieren die durch mich eingerichteten Stimmen und in ein paar Tagen ist die ganze Instrumentierung des oben genannten Marsches fertig.

In trauriger Erinnerung ist mir das „Sonderkommando", das in dieser Zeit noch direkt in Birkenau arbeitete. (Später wurde es in das geschlossene Terrain des neugebauten Krematoriums verlagert.) Die Aufgabe dieses Kommandos war das Sortieren und Verbrennen der Vergasten und ging, wie alle anderen Kommandos, zu den ermutigenden Klängen unserer Märsche vor sich. Infolge des ständigen Verkehrs mit den Leichen, die sich oft im Zustand fortgeschrittener Verwesung befanden, verbreitete die Abteilung „Sonderkommando" beim Ausmarsch einen furchtbaren, erstikkenden Gestank, der sich erst ein paar Minuten nach dessen Ausrücken verflüchtigte.

Ein launenhafter, aber auch fataler Zufall will es, daß der Marsch „Berliner Luft" einen Tag nach seiner Instrumentierung gerade in dem Moment zum ersten Mal gespielt wird, als das Sonderkommando an unserem Podium vorbei in Richtung Tor marschiert. Leichengestank durchzieht das ganze Lager. Daran gewöhnt, schenkt das Orchester dem Gestank keine Aufmerksamkeit, und spielt die „Berliner Luft" unter dem arglosen Taktstocks Kopkas weiter.

Plötzlich drang aus dem Wachturm der SS ein schriller Pfiff zu uns herüber, gefolgt von einem rauhen Ruf: „Kapellmeister!" Kopka läuft trippelnd zum Tor und strafft sich zum Gruße. Einer der SS-Männer führt ihn ins Gebäude, ein anderer kommt zu uns und befiehlt, einen anderen Marsch zu spielen. Sofort erkennen wir, worum es geht. Die „Berliner Luft" und die Luft des Sonderkommandos – eine nicht gerade schlechte Zusammenstellung! Wir befürchten eine Kollektivstrafe, aber was sollen wir tun? Gedankenlos bewege ich den Taktstock und führe die Marschmusik zu Ende.

Nach einer Viertelstunde kommt unser Kapellmeister weiß wie Kreide zurück, auf schwankenden Beinen, sich mit beiden Händen fest die Hinterbacken haltend. Er hatte fünfundzwanzig Stockschläge abbekommen. Die Lagerführung glaubte nicht an die Zufälligkeit des Zusammentreffens beider „Lüfte" und beschuldigte ihn der absichtlichen Verspottung der Hauptstadt des Dritten Reiches.

Kaum ist Kopka in den Block zurückgekehrt und hat die Instrumente auf ihre Plätze zurückgestellt, ruft er mich auch schon zu sich, befiehlt mir, mich zu bücken und bewirtet mich mit der gleichen Anzahl Stockschläge. Da er aber geschwächt ist und unfähig zur kleinsten Anstrengung, spüre ich die Vergeltung nicht so sehr.

Seitdem hüten wir uns vor der Aufführung der „Berliner Luft" beim Ausmarsch des Sonderkommandos.

Leon Weintraub hat eine schöne lesbare Notenschrift. Er ist ein mittelklassiger Musiker, ein mäßiger Saxophonspieler, dafür aber ein geschickter und brillanter Violinist. Seine Spezialität sind Zigeunerromanzen und russische Folklore, was Kopka sehr mag. Er ist wohl der einzige Musiker, für den unser Kapellmeister eine nicht zu leugnende Sympathie, gepaart mit Bewunderung übrig hat. Weintraub ist ein athletisch gebauter Mann, hat eine hervorragende Begabung pikante Liebesgeschichten zu erzählen, die er gleichzeitig mit vielsagenden Porno-Zeichnungen illustriert. Kopka zieht ihn oftmals vom Notenschreiben ab und läßt ihn für sich ein paar seiner Lieblingsmelodien auf der Geige spielen oder eine würzige Geschichte erzählen. Als Dank bewirtet er ihn von Zeit zu Zeit mit den Resten seiner Mahlzeiten. Außerdem sieht er auch ein wenig schief auf die vollkommene Freundschafts- und

Berufsbeziehung, die mich mit seinem Favoriten verbindet. Denn in der Tat ist Weintraub ein sehr guter Kollege, und außerdem hat sich dank unserer Zusammenarbeit die Leistung der Notenschreiber erheblich verbessert.

Fast gleichzeitig mit Weintraub erhalten wir neue Nachwuchskräfte, die rechtzeitig die katastrophale Leere in unserem Ensemble auffüllen. Dann erscheint bei uns Heinz Lewin, eine Persönlichkeit, für die es sich lohnt, ihr hier etwas Platz zu widmen, weil ich in meinem Leben nie wieder einem solchen Musikerphänomen begegnet bin.

Geboren in Ostdeutschland, in Halle an der Saale, wurde er als deutscher Jude aus dem französischen Lager Gurs in den Pyrenäen hierhergebracht. Er spielte Flöte wie ein Virtuose, und ebenso Klarinette, Saxophon, Kontrabaß und andere Instrumente: mit einem Wort, es wäre vielleicht kürzer, die Instrumente aufzuzählen, die er nicht spielte. Aber das ist nicht alles. Außerdem war er auch Geigenbauer, Mechaniker und Uhrmacherspezialist! Und diese seine Fähigkeit sollte sich als seine Rettung erweisen, da er die physische Arbeit außerhalb des Lagers nicht länger als zwei, drei Tage ertragen hätte. Wie ich schon erwähnte, begegnet man solchen Musikern wie ihm fast nie. Dies bezeugt am besten sein Glaubensbekenntnis, das er mir irgendwann gestand: „Ich habe immer davon geträumt, in einem Ensemble zu spielen, in dem ich der schlechteste Musiker wäre." Leider konnte unser Orchester seinen Traum auf keinen Fall erfüllen.

Abgemagert, schwächlich, leicht gebeugt, ist Lewin das Bild des Menschen, der zu der sitzenden Tätigkeit taugt, die ihm auch glücklicherweise fast gleich nach seiner Ankunft zuteil wird. Als man nun von seiner Uhrmacher-Begabung erfährt, wird er von allen Seiten, von Gefangenen wie von SS-Leuten, mit defekten Uhren zur Reparatur überschüttet, und er bekommt von irgendwoher (woher, sehen wir später) ein ganzes Arsenal von Ersatz-Feinmechanikteilen: Zeiger, Zifferblätter, Gehäuse, Zahnräder, Drehkronen und Schrauben, Federn, Stichel, Meißel, Lupen - mit einem Wort, alles was sich der Geist eines Uhrmachers nur wünschen kann. Und man setzt Lewin an einen separaten Tisch, den er nach Anordnung der Lagerleitung fast nie verläßt, außer mit ihrer Erlaubnis - in jenen Fällen, in denen ein fehlender Solist vertreten werden muß.

Eine Uhr im Lager, das bedeutet eine wirkliche Vornehmheit, eine Auszeichnung fast wie ein Verdienstkreuz. Eine Uhr bedeutet eine hohe Stellung in der Lagerhierarchie und gewissermaßen die feste Besetzung einer ihrer Stufen. Alle Kapos, Vorarbeiter, Blockführer, kurz, die gesamte Lagerprominenz besitzt Armbanduhren. Natürlich auch alle SS-Männer. Aber weil die einen wie die anderen nie aufhören, ihre Opfer zu schlagen, ob nun mit Fäusten oder ganzen Unterarmen, darf man sich nicht wundern, daß die Uhren, das Eigentum der „Besitzenden Klasse", ununterbrochen kaputt, beschädigt oder sogar zerquetscht werden. Dadurch fehlt es Lewin nie an Arbeit. Gottes lieben langen Tag sitzt er gebeugt über dem Tisch, mit der Lupe im linken Auge und stochert mit einem mikroskopisch kleinen Meißel im Uhrwerk herum. Die Arbeit wird für ihn entweder nur durch die Mahlzeit, oder den Besuch eines neuen Kunden unterbrochen. Laut Lagerethik erhält ein Meister für seine Mühe die entsprechende Belohnung in Form von wertvollem Proviant oder Zigaretten. Lewin wurde in Rekordzeit zur echten „persona grata" des gesamten Lagers, einschließlich der SS-Männer, der höheren und niederen Ränge.

Die musikalischen Anforderungen des Kommandanten Schwarzhuber und seiner Untergebenen werden immer größer und bedrängender; derart, daß es unter den derzeitigen Bedingungen sehr schwierig wird, sie zu erfüllen. Ich suggeriere Kopka, die Erlaubnis vom Kommandanten für zwei Orchesterproben wöchentlich einzuholen, die dann nachmittags stattfinden würden. Ich hatte auch die leise Hoffnung, daß es den Musikern erlaubt würde, nach der Morgenarbeit außerhalb des Lagers ein wenig auszuruhen.

Diese Erlaubnis wird erteilt, umso mehr, als der Kommandant gleichzeitig verlangt, ein Potpourri, einen Melodienstrauß aus einigen populären deutschen Operetten, zu erarbeiten und auch seinen sentimentalen Lieblingsmarsch „Heimat, deine Sterne“ zu orchestrieren. Dieser Marsch ist das Hauptthema des in ganz Deutschland berühmten Propagandafilms mit dem Titel „Quax, der Bruchpilot“. Um die Realisierung zu beschleunigen, gibt der Kommandant sogar die Erlaubnis, zeitweise die Notenschreibergruppe zu erweitern; dieser Erlaubnis ist es zu verdanken, daß auch einige der neu aufgenommenen Musiker nicht außerhalb des Lagers arbeiten mußten.

Diese beiden unerhörten Gnaden - vom Lagerführer, der höchsten Instanz des Lagers, für ‚sein Orchester‘ selbst erteilt - trafen auf den energischen Protest von seiten des Häftlings Franz Danisch, der die ehrenvolle Funktion des „Lagerältesten“ (Oberaufsehers) von Birkenau ausübte. Dieser zweite Franz in der Hierarchie der Befehlshaber haßt die Musik, ist unser unversöhnlicher Feind und hält die ganze Kapelle für eine Bande von Faulenzern. Und siehe da, der seit langem schwelende stumme Konflikt verwandelt sich jetzt öffentlich in einen leidenschaftlichen Streit zwischen dem Häftling Franz Danisch und dem Kommandanten von

Birkenau, Hauptsturmführer Johann Schwarzhuber! Und, oh Wunder, der letztere gewinnt nicht immer die Oberhand und immer wieder ist er gezwungen, den Termin zur Fertigstellung seines geliebten „Heimat, deine Sterne“ zu verschieben. Die Argumente des Danisch sind unwiderlegbar:

„Ich bin für die fristgerechte Erledigung der Arbeit verantwortlich, ich brauche dafür Arbeitskräfte, nicht aber für irgendein Noten-Abschreiben oder für Orchester-Proben!“

Die Herkunft des Danisch ist genauso unklar wie im Fall Kopkas: halb Pole, halb Deutscher aus Schlesien. Er ist der Schrecken von Birkenau. Kurz nach der Ankunft im Lager gewann er das Vertrauen der Lagerleitung dank der von ihm betriebenen eifrigen Zuträgertätigkeit und wurde so zum Blockführer des am stärksten belegten Blocks ernannt. Eines Tages haben sich die Deutschen vorgenommen, alle Blockführer ohne Ausnahme wegen eines groben Disziplinar-Verstoßes, dessen Täter man nicht finden kann, mit schwerer Auspeitschung zu bestrafen. Als Danisch an die Reihe kommt, weigert er sich, sich zu bücken, sondern steht im Gegenteil stramm und richtet folgende Worte an die SS-Männer: „Wieso wollt ihr mich bestrafen? Und aus welchem Grunde? Das, was geschah, war nicht die Schuld der Blockführer. Schuldig ist nur euer jetziger Lagerältester, der dieser Aufgabe nicht gewachsen ist. Setzt mich an seine Stelle, und ich garantiere euch, daß sich solche Vorfälle nicht mehr wiederholen werden und Birkenau ein Vorbild für die anderen Konzentrationslager sein wird!“

Überrascht von der Tollkühnheit und dem Ton dieser Ansprache, nehmen die Deutschen Danischs Herausforderung an, peitschen ihn nicht aus. Er bekommt auf der Stelle vom Kommandanten seine Berufung in dieses Amt, das höchste im Lager.

Franz Danisch hält Wort. In wenigen Tagen erreicht er das, was seinen Vorgängern nie gelungen war: die Lagerdisziplin macht einem Terror Platz. Ich kenne Franz Nierychlo nicht, aber diese beiden „Franze" Danisch und Kopka vergesse ich nie. Sie auf diesen Seiten zu verewigen, bringt mich in unangenehme Verlegenheit.

Die Orchesterproben beginnen und finden nun regulär zweimal in der Woche statt. Offensichtlich wurde zwischen Danisch und dem Lagerführer ein Kompromiß geschlossen. Das stört unseren Aufseher jedoch nicht, von Zeit zu Zeit einen drohenden, aber machtlosen Blick auf uns zu werfen.

Die Proben werden nun von mir geleitet. Irgendwie hat sich diese Gewohnheit von allein ergeben. Dadurch etwa, daß Kopka unter verschiedenen Vorwänden, sei es wegen Übermüdung oder wegen des Bedürfnisses, eine dringende Angelegenheit in einem anderen Block zu erledigen, mir den Dirigentenstab überläßt. Tatsache ist, das gestehe ich ohne Gewissensbisse, daß ich bei meiner Orchestrierung so viele rhythmische, kontrapunktische Schwierigkeiten und Synkopen wie möglich - unter anderem in der Perkussion - einführe, die es Kopka unmöglich machen, die Proben zu leiten, von einer öffentlichen Aufführung ganz zu schweigen! Nie habe ich diesen häßlichen Trick bedauert...

Die regelmäßigen musikalischen Veranstaltungen dauern meistens drei Stunden und geben mir die Gelegenheit, die übrigen Teilnehmer unseres Ensembles näher kennenzulernen und dabei festzustellen, daß sie - was ihre Ernährung anbelangt, ein ebenso erbärmliches Leben wie ich führen. Jeder bemüht sich so gut er kann, seine eigene Existenz irgendwie zu verbessern. Der eine verkauft seine Suppe für eine Portion Wurst, der andere tauscht die erworbene Suppe gegen ein Stück Brot oder eine Zigarette. Sie verständigen sich, da sie ein Gemisch verschiedener Nationalitäten darstellen, in einer bunten Sprachmischung, die sie durch lebhafte Gestikulation ergänzen.

Einigen Auserwählten geht es viel besser, besonders den Holländern, die virtuose Künstler sind, Spezialisten für Tanz- und Unterhaltungsmusik. Die Kapos und andere „Würdenträger“ mögen diese Art von Musik, und abends holen sie sich drei, vier Musiker auf ihre Stuben zur eigenen Unterhaltung. Das geschieht nicht nur mit Kopkas Wissen, sondern sogar mit seiner offiziellen, nicht gerade uneigennützigen Erlaubnis: Die Musiker kehren von diesen Exkursionen mit Leckereien und Zigaretten beladen zurück, ein großer Teil kommt dem Kapellmeister zugute. So kommen beide Seiten gut dabei weg.

Weder Lewin noch ich nehmen an diesen Abend-Expeditionen teil; Lewin, weil er es nicht nötig hat, ich, weil ich es nicht fertigbringe.

Mein Pritschennachbar ist der Flötenspieler Menasche, ein Grieche, diplomierter Arzt der Universität Toulouse. Er spricht natürlich perfekt Französisch. Wir alle nennen ihn „Doktor“. Viel jünger als er ist sein Landsmann Michael, Akkordeonspieler, der gleichzeitig mit ihm angekommen ist; sie sind unzertrennliche Gefährten, trotz des beträchtlichen Altersunterschiedes. Nach dem Abendappell kann man die beiden oft Schulter an Schulter unmittelbar vor dem Stacheldraht stehen sehen, wie festgewachsen. Sie starren ins benachbarte Frauenlager hinüber - das gleiche, vor dem ich damals meine Geigenübungen ausgeführt habe, - dort befinden sich die Tochter des Doktors und zwei Schwestern von Michael. Vielleicht waren sie es, die damals in meine Richtung

„Brot! Brot!“ gerufen haben? Manchmal gelingt es ihnen, ein wenig Nahrung auf die andere Seite hinüberzuwerfen. Es passiert aber auch, daß die beiden umsonst auf das Erscheinen der ihnen so teuren Menschen warten.

Ich weiß nicht, auf welche Weise es Doktor Menasche gelang, ein Necessaire von ansehnlicher Größe, welches eine größere Menge Erste-Hilfe-Medikamente, wie verschiedene Salben, Pillen, Jodtinktur, Wasserstoffsuperoxyd, Gaze, Aspirin, Verbände, Creme und ähnliches enthielt, zu erwerben. Während der Arbeit außerhalb des Lagers erleiden einige Musiker, und auch andere aus unserem Block, kleinere oder größere Verletzungen, die einen sofortigen Verband erfordern. Dem Doktor mangelt es also nicht an Patienten. Für seinen Service bekommt er von jedem eine kleine Belohnung, was zusammen ein seriöses „Einkommen“ ausmacht, das er großzügig mit seinem Landsmann teilt. Beide sparen einige der regulären Vorräte, die für die Mädchen im benachbarten Lager bestimmt sind.

Gegen Ende des Jahres 1943 wird unser Orchester auf Block 5 verlegt, in die Nähe des Tores und Wachturmes der SS-Männer. In diesem Block liegt auch das Kommando der Zimmerleute, die sogenannte „Zimmerei“, dessen Oberkapo der sehr bekannte und allgemein beliebte Deutsche Kurt Reinhold ist. Seine engsten Mitarbeiter, man kann sagen seine Assistenten, sind zwei Polen: Kazimierz Andrysik, Lagernummer 89! und Jozef Papuga, Nummer 12049. Auf ihre Anregung hin bekommen wir eine größere Stube - die „Musikstube“ - abgeteilt vom Rest des Blocks, auf der sich auch Platz für zwei große Tische findet, einer für die Notenschreiber, der andere für Heinz Lewin und seine Uhrmacherarbeiten.

Diese nahe Nachbarschaft von Musik und Kunst des Zimmerhandwerks bringt es mit sich, daß unser Block zum Ort der ununterbrochenen Pilgerschaft wird, nicht nur von seiten der besser gestellten Häftlinge und des Oberkapos der Zimmerleute, sondern auch der SS-Männer, die die Hilfe des Uhrmachers brauchen; ganz zu schweigen von den Gästen, die uns besuchen, um etwas Musik zu hören. So herrscht auf dem Block ein ständiges Treiben, das nur während der Orchesterproben nachläßt.

Unabhängig davon, auf Befehl des Kommandanten und – o Wunder – mit Erlaubnis von Danisch, findet jeden Sonntag Nachmittag unter offenem Himmel ein Unterhaltungs-Konzert statt, das von Häftlingen und SS-Leuten gut besucht wird. Das ständig bereicherte Repertoire erlaubt eine häufige Abwechslung im Programm.

Nach dem Kriege wurde erzählt, daß in deutschen Lagern bei der Flucht gefangengenommene Häftlinge zum Klang der Musik erhängt wurden. Was Birkenau betrifft, muß ich dies kategorisch verneinen. Das Orchester nahm daran nicht teil. Ich spreche das Orchester nicht frei, ich spreche die Deutschen frei, die die Musik zu sehr lieben, um sie zu so prosaischen Zwecken zu nutzen. Allerdings geschah es manchmal, daß wir in dem Augenblick auf unserem Podium spielten, in dem eine Kolonne Verurteilter auf der anderen Seite des Drahtes in Richtung Gaskammer marschierte. Aber dies geschah rein zufällig, es war ein zufälliges Zusammentreffen zweier Ereignisse.

Dies weckt in mir eine Erinnerung an ein Sonntagnachmittags-Konzert. Wir spielen die Ouvertüre einer deutschen Operette. Wir spielen sie ohne große Begeisterung. Das Lager ist merkwürdig leer. Vom Wachturm dringen laute Radioklänge zu uns, die mit unserer Musik in reizvoller Kakophonie verschmelzen. Das alles aber stört unseren Doktor Flötenspieler überhaupt nicht, der gerade sentimental, aber virtuos ein Solo auf seinem Instrument spielt.

Er spielt inspiriert, ist so gefangen vom Phrasieren der meisterhaften Melodie, daß er nicht die lange Schlange der mit Frauen beladenen Lastkraftwagen bemerkt, die gleichsam verstohlen in Richtung Krematorium dahinfahren. Doktor Menasche, stolz auf seine Darbietung, legt mit einem Lächeln das Instrument auf seine Knie.

Die Lastwagen sind hinter der Kurve verschwunden. Auf einem von ihnen befand sich die Tochter des Doktors.

Meine Existenz verbessert sich langsam. Zwei gutsituierte Polen, Jozef Waskó und Czeslaw Kluczny, nehmen bei mir Englischunterricht. Ihnen habe ich noch einen weiteren Schüler, auch einen Polen, zu verdanken, was sich, wie sich zeigen sollte, als glückliche Fügung erweist. Über ihn werde ich später berichten. Sie bezahlen mich mit Brot, Margarine, Kartoffeln, die ich mir schon dank der immer häufigeren Abwesenheit von Kopka zubereiten kann.

Wir glauben, daß seine Expeditionen nur dem Zweck des Provianterwerbs dienen, aber nach einiger Zeit stellt sich heraus, daß es hier um etwas völlig Unerwartetes und für Kopka viel Ernsteres, sogar Gefährliches geht. Eines Nachmittags kehrt Kopka mit undefinierbarem Gesichtsausdruck von einer solchen Expedition in unseren Block zurück, wo gerade unter meiner Leitung geprobt wird, und er teilt uns mit, daß er bald aus dem Lager entlassen wird! Haufenweise gratulieren wir ihm wegen dieses unerhörten Erfolges und unsere Freude ist so ehrlich und ostentativ, daß Kopka sich offensichtlich unbehaglich fühlt: er macht ein langes Gesicht, wir auch. Kopka wirft uns mit schlecht verborgener Wut vor: „Also, so ist das! Ihr denkt, daß ihr mich bald loswerdet? So einfach ist das nun nicht, wartet noch ein bißchen, bis zu meiner Entlassung ist es noch weit!“

Im Grunde genommen ist die Entlassung Kopkas für keinen von uns eine Überraschung. Oft dachten wir darüber nach, für welches Vergehen ein so elendes Individuum ins Lager verbracht wurde, und ob das nicht infolge eines Irrtums oder Mißverständnisses geschehen war. Andererseits ist Kopka, obwohl offiziell „Reichsdeutscher“, polnisch-tschechischer Herkunft; so kann er durchaus auch als verdächtige Person erscheinen. So oder so, er ist reinblütiger Arier, und in der jetzigen Situation eignet er sich besser als Kanonenfutter, dessen Mangel empfindlich spürbar wird.

Nach Stalingrad kommen von der Ostfront immer mehr beunruhigende Nachrichten – beunruhigend natürlich für die Deutschen. Die Reihen der Nazi-Armee werden immer dünner, man benötigt immer mehr neuen Nachschub. Die Lagerverwaltung entläßt eiligst die weniger „gefährlichen“ Häftlinge deutscher Nationalität, um die vor Erschöpfung schwankende Wehrmacht zu verstärken. Kopkas Wut hat also zwei bedeutsame Gründe: erstens, seine Entlassung wird mit seiner Versetzung an die Front, wo die Schlacht tobt, zusammenhängen; zweitens muß er vom Sockel eines gut versorgten Kapellmeisters herabsteigen in den Rang eines gewöhnlichen Soldaten, der schon von vornherein zu Hunger und Kälte verurteilt ist, und wer weiß, vielleicht zum Tode.

Kurz danach erfahren wir, mit gewisser Enttäuschung, daß Kopkas Entlassung erst in einem Monat erfolgen soll, nach der vorgeschriebenen Gesundheitskontrolle. Aber diese Kontrolle ist verbunden mit Kopkas Verlegung in den speziellen „Quarantäneblock“; so wird er sicher nicht zu oft Gast bei uns sein, deshalb gibt es keinen Grund zur Sorge. Kopka scheint auch sehr zufrieden zu sein, wie er einem Kumpel anvertraut: ein Monat Verzögerung, das ist reiner Gewinn, bis dahin kann der Krieg zu Ende sein.

Diese so entstandene Situation bewirkt, daß ich faktisch, wenn auch nicht offiziell, Dirigent des vierzig Personen zählenden Orchesters werde. Ich kann in Ruhe arbeiten, und das Repertoire entweder aus eigener Initiative oder auf Befehl des Kommandanten und seiner Untergebenen bereichern. Ich kann auch Proben und öffentliche Konzerte nach meinem eigenen Geschmack durchführen ohne mit dem dilettantischen Vorwitz des sogenannten Kapellmeisters rechnen zu müssen.

Es geht mir immer besser. Nicht nur wegen meiner erreichten Stellung, sondern auch oder vielleicht hauptsächlich dadurch, daß ich nicht mehr der von allen verachtete ‚Millionär' bin. Mit diesem Namen bezeichnen ältere Häftlinge mit selbst niedrigen Nummern ihre frisch eingetroffenen ‚Kollegen', die ja notwendigerweise immer höhere Nummern bekommen. Wir sind jetzt schon bei der Zahl 130.000, deshalb ist meine Nummer 49.543 - aus dieser Reihe sind wenige am Leben geblieben - ein Anlaß zu allgemeiner Achtung. Ich ernähre mich nicht schlecht, habe einen schön rasierten Schädel, habe mir eine neue Häftlingskleidung zugelegt, ‚modern' mit unten weiter werdenden Hosenbeinen. Auf Taille geschnitten wird meine Jacke durch eine Tresse an der linken oberen Tasche, die von den schön gestickten Ziffern meiner Lagernummer und zwei übereinanderliegenden, sich zu einem sechseckigen Davidstern zusammenfügenden Dreiecken - eines gelb, das andere rosa - geschmückt wird.

Ich habe von Kopka auch seinen letzten „Kalfaktor" (einen Burschen für alles) geerbt, einen Bassisten mit dem Vornamen Grigori, aber alle nennen ihn ‚Schorsch' (Georg). Er ist russischer Gefangener, ein herzensguter und mir ergebener Bursche, eine echte ‚russische Seele'. Er putzt meine Schuhe, versorgt meine Kleidung und vor allem: er bereitet mir reichliche leckere Mahlzeiten zu, deren Reste ihn und einige hungernde Musiker füttern.

Eines sonnigen Sonntagnachmittags stehe ich vor dem Eingang des Blocks und warte auf die Musiker, die sich in der Hauptallee vor dem Ausmarsch zum traditionellen Konzert aufgestellt haben. Gleichzeitig sehe ich Franz Kopka aus einiger Entfernung auf mich zukommen. Je näher er kommt, desto deutlicher wird sein schreckliches Aussehen: er ist abgemagert, unrasiert, erscheint irgendwie verkrampft und heruntergekommen, ein Bild des Elends und der Verzweiflung. Ich empfinde ein wenig Mitleid für ihn, denn mir ist klar, daß ich neben ihm wie aus einem Männermoden-Katalog entsprungen wirke.

Plötzlich dringt zu mir die kräftige Stimme des Franz Danisch herüber, der Kopka die Worte zuruft: „Kopka, um Gottes Willen, wie Du aussiehst! Wenn Du nicht weißt, wie Du aussiehst, dann sage ich's Dir: Wie ein jämmerlicher Kapellmeister! Guck Dir mal den an - er zeigt auf mich - so sollte ein echter Kapellmeister aussehen!" Erst mit ihm klingt die Kapelle so, wie es sich gehört! Wie schön, die zur Arbeit marschierenden Kommandos zu sehen.

Ich traue meinen Ohren nicht. Hat Danisch dem Orchester und der Musik gerade generell den Frieden erklärt? Alles spricht dafür. Seit diesem Vorfall ist Kopka für längere Zeit wie vom Erdboden verschwunden. Wir erfahren, daß er an irgendeiner geheimnisvollen Krankheit leidet, die ihn ans Bett fesselt. Fast täglich schickt er mir einen Boten, der um Lebensmittel bettelt. Nachdem ich ein paarmal seinen Wünschen nachgab, berate ich mich mit einigen Kollegen und wir beschließen, diese Schenkungen einzustellen und den Essens-Überschuß auf die zu verteilen, die es nötiger brauchen und es auch verdienen.

Die Tage vergehen ohne besondere Ereignisse, einer nach dem anderen. Alles scheint dafür zu sprechen, daß wir Kopka für immer losgeworden sind. Aber so gut haben wir es nicht.

Fast wie ein Gespenst aus dem Jenseits erscheint Kopka, und wie immer im ungünstigsten Moment. Der Block ist fast leer, alle sind zur Arbeit ausgerückt, im Musikzimmer befindet sich nur der traditionelle Vierer: Lewin, Weintraub, Schorsch, der sich eben am kleinen Öfchen zu schaffen macht und auf unsere gemeinsam gebratene Mahlzeit aufpaßt, und ich.

Das Eindringen Kopkas beendet die in unserer Stube herrschende heitere Stimmung. Kopka ist leichenblaß, ekelerregend haßerfüllt gegenüber der ganzen Welt und besonders gegenüber mir. Um sich selbst Ansehen und Autorität zu geben, hat er sich ostentativ mit der silbernen Lyra des Kapellmeisters geschmückt. Von seiner langen, mit Beleidigungen durchflochtenen Rede, kann man nichts verstehen, außer, daß ich nicht ungestraft davonkommen werde. Am Ende die Drohung: „So, Du glaubst, daß es mich nicht mehr gibt? Kleine Mittagessen kochst Du Dir auf meine Kosten, was? Und für mich gibt's nichts? Ich zeige es Euch allen hier!"

Er nähert sich dem Öfchen, stößt Schorsch an die Seite und mit einem energischen Schwenk des Unterarmes wirft er den Topf mit den kochenden Kartoffeln auf den Fußboden, dazu die kleine Pfanne mit Wurst und den Topf mit dem siedenden Wasser. Nur knapp entgehen wir einer gefährlichen Verbrühung. Aber das genügt Kopka noch nicht. Er läuft zu Lewins Tisch und mit der gleichen Armbewegung fegt er Uhren, Gläser, Zeiger, feinmechanische Werkzeuge und alles, was er antrifft, herunter. Unser schöner Musiksaal sieht aus wie ein Schlachtfeld. Ist das schon das Ende? Geht Kopka endlich? Eine vergebliche Hoffnung. Er kommt auf mich zu, droht mit der Faust und schreit wie von Sinnen: „Ich werde alles dem Lagerführer erzählen! Wir gehen zusammen zu ihm - und zwar sofort!"

Ich ziehe meine Jacke an und begebe mich hinter Kopka in Richtung Wachturm. Ich bin schweißgebadet. Ich bin nur scheinbar beherrscht, mache gute Miene zum bösen Spiel, aber in mir tobt panische Angst. Auf der einen Seite Franz Kopka, „Reichsdeutscher", Arier, politischer Gefangener, Nummer aus der Serie 11.000, zukünftiger Soldat der Wehrmacht und auf der anderen Seite ich, Serie 49.000, ein Jude mit seinem Davidstern...

Der Kampf ist nicht gleich, das Urteil schon im vorhinein entschieden. Aber ich denke vor mich hin: Es kommt, wie es kommt, ein wenig früher, ein wenig später, was für ein Unterschied.

Nach einer Viertelstunde Wartens stehen wir vor dem Angesicht des Kommandanten. „Was ist los?" Kopka spricht die Anklage aus: „Herr Hauptsturmführer, dieser Häftling hier, der mich momentan vertritt, regiert auf dem Block, wie bei sich zu Hause; er bereitet sich private Mahlzeiten, woher er den Proviant nimmt, weiß niemand, bestimmt ist er gestohlen. Außerdem komponiert und spielt er im Block verbotene polnische Musik."

Weiter kommt er nicht. Der Kommandant steht hinter seinem Schreibtisch auf, nähert sich Kopka und gibt ihm eine schallende Ohrfeige. Und dann passiert etwas einfach Wahnsinniges! Lagerführer Schwarzhuber reißt das Band mit der silbernen Lyra von Kopkas Arm, sieht ihm direkt in die Augen und schreit wütend: „Du Lump! Du Schwein! Raus!"

Danach wendet er sich mir zu, überreicht mir die Fetzen des Bandes mit der Lyra und sagt milde, fast herzlich: „Und nun ernenne ich Sie zum Lagerkapellmeister!"

Für Kopka zwei Ohrfeigen per „du", für mich die Stelle des Kapellmeisters per „Sie"! Allmächtige Musik!

Diesmal freuen sich die Kollegen des Orchesters ehrlich und gratulieren mir. Eine neue silberne Lyra, schnell gestickt, schmückt meinen linken Arm. Über Kopka seitdem keine Nachricht. Nach einiger Zeit erfahren wir, daß seine Krankheit galoppierende Fortschritte gemacht habe und daß er einen Tag vor seiner vermeintlichen Entlassung sein jämmerliches Leben beendet habe.

Statt die Reihen der Deutschen Armee zu stärken, flog seine Seele direkt ins „Himmelfahrtskommando", in das er mich vorzeitig expedieren wollte...

„Verbotene polnische Musik", die gespielt zu haben ich vor dem Kommandanten angeklagt wurde, war keine leere Erfindung der krankhaften und nach Rache gierenden Phantasie des Franz Kopka. Tatsächlich hatte uns Kopka während einem seiner unerwarteten Überfälle ‚in flagranti' bei der Bearbeitung eines polnischen Werkes überrascht, was wir natürlich vor der Lagerleitung verbargen. Hätte sich plötzlich jemand unerwartet gezeigt, wären wir sofort zu einem anderen, für diesen Fall vorbereiteten Werk übergegangen. Beim - wie es mir schien - ungefährlichen Kopka hielt ich das für unnötig und probte weiter, als wenn nichts geschehen wäre.

Ein paar Worte dazu: Eines Abends - einige Wochen vor den zuvor beschriebenen Vorkommnissen - kehrte ich zurück von einem meiner ‚Vorträge' und stieß auf ein auf der Erde liegendes Stück Papier, zerknittert und fettig. Die darauf befindliche Schrift erregte meine Aufmerksamkeit. Ich hob es auf und - in den Block zurückgekehrt - glättete ich es sorgfältig, um es nicht zu beschädigen. Es roch nach Fisch und Gott weiß wonach noch. Aber es waren Noten. Nur eine Melodie, handgeschrieben, aber sehr deutlich, ohne Harmonisierung, ohne Begleitung. Oben der Titel: „Drei Warschauer Polonaisen aus dem 18. Jahrhundert“, Autor: Anonymus.

Ich säuberte dieses wertvolle Dokument sehr vorsichtig und hängte es über Nacht an einen unauffälligen Ort, um es trocknen zu lassen. Während der nächsten Tage habe ich es harmonisiert und alle drei Polonaisen für Kammerensemble umgeschrieben und sie im Block geprobt, wenn sich die Gelegenheit dazu bot. Sie erwiesen sich als wahre Perlen polnischer Musik des 18. Jahrhunderts.*)

Einige meiner polnischen Kollegen haben mir zu dieser ‚Leistung‘ gratuliert und meinten, das wäre schon eine Handlung des Widerstandes. Das überraschte mich ein wenig, denn für mich war es eine schlichte musikalische Freude, zwar verstärkt durch das ‚Polnische‘ dieser Musik, aber ich wüßte nicht, wie eine konspirative Aufführung den Deutschen hätte schaden oder den Verlauf der Kriegshandlungen beeinflussen können...

Auf jeden Fall aber, würde man diese Episode als Widerstandshandlung verstehen, wäre sie die einzige, auf die ich während meines langen Aufenthaltes in Birkenau stolz sein könnte. Der Rest war ein Kampf ums Leben, oder eher, ums Überleben.

Als ich nach Kopkas Degradierung und meiner Beförderung in den Block zurückkehrte, war unsere Stube schon in Ordnung gebracht. Schorsch aß den Rest der geretteten Leckereien und be-

*) *Nach dem Krieg habe ich diese „Drei Polonaisen“ aus dem Gedächtnis rekonstruiert. Sie erschienen 1950 in Krakau, im polnischen Musikverlag PWM*

reitete gleichzeitig ein neues Menü für mich vor. Bewaffnet mit seiner ewigen Lupe saß Lewin, wie immer, gebeugt über seinem Tisch und suchte Zeiger, Zeigerchen und andere Kostbarkeiten mühselig aus dem Trümmerhaufen, in welchen sich der Fußboden unseres Musik-Tempels verwandelt hatte.

Nun folgte eine Ära des Friedens. Alles sprach dafür, daß in Zukunft nichts unsere Ruhe stören würde. Nur, daß mit der Stelle des Titular-Kapellmeisters eine andere unerfreuliche Aufgabe auf mich zukam: die Musiker für die Arbeit außerhalb des Lagers zu bestimmen und sie dem einen oder anderen Kommando zuzuweisen, je nach ihrer musikalischen Qualifikation. Danischs augenblickliche wohlwollende Stimmung ausnutzend, erlangte ich bei ihm die Gunst, der sich bis dahin noch niemand rühmen konnte: nämlich die Musiker zu etwas leichterer Arbeit zu schicken, so daß ihnen die Elastizität der Finger und Hände erhalten blieb, was einen besseren Klang und rhythmischeres Skandieren der Märsche gewährleistete. Ein anderes Mal, als wir während eines starken Schneesturmes auf dem Hof spielten, gelang es mir, ihn zu überreden, uns in den Block zu schicken und den Rest der Kommandos ohne Musik ausmarschieren zu lassen. Ich hütete mich natürlich vor dem Argument, die Musiker könnten erkranken, es hätte nichts genutzt. Aber die Befürchtung, die Instrumente könnten durch den Schneesturm Schaden nehmen, überzeugte Danisch. In gewisser Weise wurde es zu einem Präzedenzfall: das Orchester ging nicht mehr hinaus, wenn schlechtes Wetter die Instrumente beschädigen konnte...

Zufall? Oder eine für mich günstige Schicksalsfügung? Tatsache ist, daß sich meine Situation - ich denke dabei an die Verpflegung - mit dem neuen Blockführer, dem ‚berühmten' Albert Haemmerle, paradoxerweise verbessert. Es gab viele ‚Schrecken' in Birkenau, jeder scheint der größte und furchtbarste zu sein. Man kann, ohne Übertreibung, annehmen, daß Albert Haemmerle die Kunst des sinnlosen Mordens auf die Spitze getrieben hat.

Er ist einer der ersten des Lagers. Und er gehört zu der ‚Mannschaft' der deutschen Häftlinge, die man mit der Mission, die ersten deportierten Polen umzuerziehen, nach Auschwitz gesandt hatte - im Juni 1940. Er wurde als gewöhnlicher Verbrecher verhaftet und trägt darum den grünen Winkel, also ein grünes Dreieck auf der Brust. Es geht ihm eine düstere Fama voraus und seine Ankunft erfüllt den ganzen Block mit Grauen. Wir alle wissen, daß Haemmerle - genau wie auch mancher andere Blockführer in einem viel kleineren Ausmaß - sich nicht zum Frühstück setzt, ehe er nicht mehr als zehn Gefangene, insbesondere Juden, ermordet hat.

Albert Haemmerle ist nicht einmal mittelgroß, von eher schmächtiger Gestalt, die auf den ersten Blick nichts von seiner riesigen Körperkraft verrät. Angeblich ist er in der Lage, mit einem Faustschlag einen Menschen niederzustrecken - besonders, wenn dieser Mensch ein „Muselman", das heißt, ein Häftling, der erschöpft von der übermäßig schweren Arbeit ist, unfähig zum geringsten Widerstand. Es kommt soweit, daß die schrecklichen Verwüstungen, die Haemmerle in den Blöcken, die er in seiner Obhut hatte, anrichtet, schließlich die Lagerleitung alarmieren. Es wird ihm, sollte er mit seinem mörderischen Tun nicht aufhören, mit strengen Sanktionen gedroht. Mit anderen Worten: Zuviel ist ungesund. Wir können also nur hoffen, daß die Form, in der wir ihn ererbten, sich etwas milder erweisen würde, als die frühere „normale".

Und so wird dieser gefährliche Nachbar und Vorgesetzte, der gewöhnlich wie ein wildes Tier gegen uns alle wütet, dieses Monstrum in Menschengestalt, in kürzester Zeit ein Freund und Betreuer des ganzen Orchesters und insbesondere von mir, wenn auch durch ziemlich seltsame Umstände.

Albert Haemmerle hatte sich unsterblich in einen bezaubernden Jungen von überdurchschnittlicher Schönheit, einen Polen - ich will ihn Bolek nennen - verliebt, der für ihn den „Sekretär" macht, jedoch in einem anderen Block wohnt. Er hat beinahe unmännliche Gesichtszüge, vielleicht allzu zart, aber keineswegs kraß, im Gegenteil, sein Gesicht strahlt einen unwiderstehlichen jugendfrischen Zauber aus, und ich selbst schaue ihn mit großem Vergnügen an.

Es mangelt nicht an Gelegenheit dazu: Bolek lernt bei mir Englisch, denn er hatte von meiner sprachpädagogischen Begabung gehört. Das bringt mir die Zuneigung Haemmerles ein; Bolek kann kaum Deutsch, und sein „Chef" natürlich kein Wort Polnisch. So werde ich - wenn es nötig ist - der Verbindungsmann dieses mir von der Vorsehung geschickten Paares. Diese Beziehung dauert nicht lange, aber gerade diese kurze Dauer wird für mich besonders ergiebig. Denn eines Tages trifft den unbezwinglichen Albert Haemmerle ein harter Schlag: ohne Vorankündigung, von einem Tag auf den anderen, verläßt ihn das Objekt seiner Passion wegen eines anderen Lagerbonzen. Die Englischstunden gehen in die Binsen. Wie ein verletztes Tier, uneingedenk der Warnung der Lagerleitung, läßt Haemmerle seine Wut an den unschuldigen Gefangenen aus. Die Zahl der Leichen erreicht seit langem nicht gekannte Rekorde.

Doch das Orchester leidet dadurch nicht, sondern im Gegenteil: von dem Polen verachtet, sucht der Reichsdeutsche Vergessen in der Musik. In der freien Zeit läßt er sich sentimentale Musik und Romanzen spielen, er beschenkt die Musiker mit wertvollen Leckereien und ertränkt die eigene Bitterkeit im Alkohol. Nach jeder musikalischen Vorstellung lädt er mich auf sein Zimmer, um mir glühende Briefe an Bolek - in Deutsch - zu diktieren, die ich dann ins Polnische übersetze. Diese Schreiben läßt der ungetreue Pole, soweit ich weiß, unbeantwortet.

Nach meinen Sekretärsdiensten komme ich immer mit Geschenken großzügig beladen zurück.

Kurz darauf verschwindet Haemmerle einfach. Vermutlich wird er an die Front geschickt. Ich werde ein wenig ärmer, doch der Block atmet vor Erleichterung auf.

Die folgende Anekdote ist in Kreisen von Musikern und Musikliebhabern weltweit bekannt:

Ein Tourist - Ausländer - überquert den Marktplatz eines deutschen Städtchens, sieht ein ziemlich umfangreiches Blasorchester, das vor dem Balkon des Rathauses spielt. Der Tourist wendet sich an einen der Zuschauer: „Zu wessen Ehre spielt das Orchester?“ „Wieso wessen Ehre? Zur Ehre unseres Bürgermeisters natürlich! Heute ist sein Geburtstag.“ „Verstehe. Aber warum zeigt sich das Geburtstagskind nicht auf dem Balkon?“

„Es kann nicht. Es spielt ja selbst im Orchester mit!“

Diese Anekdote will sich in unschuldiger Art und Weise über die übertriebene Liebe der deutschen Nation zur Musik lustig machen. Und es steht tatsächlich außer Frage, daß die Deutschen von Geburt an Musikliebhaber sind und nichts was die Musik betrifft, ist ihnen nicht fremd. Auschwitz ist dafür noch ein weiteres Beispiel.

Wenn ein SS-Mann Musik hört, vor allem solche, die er besonders mag, beginnt er sich irgendwie in ein menschenähnliches Wesen zu verwandeln. Die Stimme verliert eine ihr eigene Heiserkeit, er selbst wird nett im Umgang, und man spricht mit ihm fast wie mit seinesgleichen. Manchmal hat man den Eindruck, daß irgendeine Melodie in ihm die Erinnerung an eine nahe Person erweckt, vielleicht seine Braut, die er lange nicht mehr gesehen hat, und seine Augen überzieht ein Nebelschleier, der an menschliche Tränen erinnert. In diesen Momenten erwacht bei uns die Hoffnung, daß vielleicht doch noch nicht alles verloren ist. Ob Menschen, die Musik so sehr lieben, Menschen, die weinen können, wenn sie sie hören, gleichzeitig derartige Grausamkeiten gegen den Rest der Menschheit begehen können? Es gibt eine Wirklichkeit, die man einfach nicht glauben kann. Und doch.

Von allen Seiten kommen neue Musikwünsche auf mich zu. Der Kommandant fordert mich auf, zwei neue Stücke zu komponieren, eines soll auf einer Schubert-Melodie basieren, das zweite auf einem russischen Motiv. Ersteres soll ‚Erinnerungen an Schubert' heißen. Die Hilfe Lewins erweist sich als sehr wertvoll bei der Einrichtung dieses Melodiensträußes, weil er die Lieder dieses Komponisten (es gibt über sechshundert davon) besser kennt als ich; außerdem gibt er mir ausgezeichnete Anregungen, womit man beginnen sollte, wie die Melodien anzuordnen seien und womit man enden sollte. Das zweite Potpourri wird den Titel haben: „Schwarze Augen" (aus dem Russischen „Otschi tschornyje").

Ich kenne mich in der russischen Musik nicht schlecht aus, aber verglichen mit Weintraub bin ich ein Laie; er schüttelt die russischen Zigeunermelodien nur so aus dem Ärmel. So schaffen wir gemeinsam zwei schöne Orchesterphantasien, die bei unseren SS-Kunden volle Anerkennung finden.

Der Blockführer Stefan Baretzky (den werde ich nicht so leicht vergessen) bringt mir eines Tages einen Marsch mit dem hochtrabenden Titel „Deutsche Eichen“. Seine Anweisung koloriert er mit der Drohung, wir sollen den Titel immer spielen, wenn wir ihn, Baretzky, sehen, egal ob er in der Nähe oder weiter entfernt ist, andernfalls...

Baretzky, das ist nicht irgendein SS-Mann-Musikliebhaber. Wenn es um Grausamkeit geht, würde ich ihn zwischen Franz Danisch und Albert Haemmerle setzen. Ewig hockt er mit gespreizten Beinen auf seinem Fahrrad, stürmt unablässig von einem Lagerende zum anderen und erscheint immer dort, wo man ihn am wenigsten erwartet. Um uns bei ihm nicht unbeliebt zu machen, sollten wir eigentlich nichts anderes spielen als nur die „Deutschen Eichen“, mit denen sich seine Musikliebe erschöpft.

Ein anderer Musikliebhaber - an seinen Namen erinnere ich mich nicht - bringt mir „Argonner Wald“ und „Gruß an Obersalzberg“. Beide Märsche mag er nun wieder sehr und das nicht ohne Grund: Dieser SS-Mann hat an der mörderischen Schlacht, die in diesem Wald in den Jahren 1914-15 stattfand, teilgenommen; und er kommt aus der Gegend von Obersalzberg, also weckt diese Musik in ihm wohl wehmütige Kindheitserinnerungen.

Die Bestellung ist natürlich ‚dringend‘, so muß ich bis tief in die Nacht arbeiten, um mit der Instrumentierung rechtzeitig fertig zu werden. Leider ist meine Mühe vergebens, wir spielen beide Märsche nur einmal zur Hälfte. Der Kommandant befiehlt, sie in der

Mitte abzubrechen: den „Argonner Wald“, weil diese Schlacht nur ein Anfangssieg für Deutschland war und der Krieg 1918 mit einer schändlichen Niederlage endete. Besser nicht daran erinnern. Und der Obersalzberg ist eine der berühmten Residenzen des „Führers“ und es ist unpassend, daß eine Lagerkapelle, die größtenteils aus Juden besteht, ihm dorthin Grüße übermittelt...

„De gustibus non est disputandum“. SS-Unterscharführer Heinrich Bischop liebt Musik und zwar jüdische. Er besucht uns quasi heimlich, zu ungewöhnlichen Zeiten und bittet - sehr diskret - ein paar Holländer (die können alles), ihm einige populäre ‚Jüdische Schlager‘ zu spielen. Wir wundern uns, wieso ihn so etwas überkommt. Ist er vielleicht ‚verdächtiger‘ Herkunft? Nein, das ist unmöglich! Oder vielleicht eine „schreckliche Abnormität“? Auf jeden Fall wurde zwischen Bischop und uns eine stille Abmachung getroffen. Während seiner ‚musikalischen‘ Besuche bemühen wir uns, nicht auf frischer Tat ertappt zu werden. Einer unserer Kollegen steht an der Tür, um uns im Falle eines plötzlichen unerwünschten Besuches zu alarmieren. Die Musiker spielen leise, nicht nur, damit man sie draußen nicht hören kann, auch, weil jüdische Melodien leise gespielt, größere Wehmut und Rührung wecken. Bischop ist wie im siebten Himmel.

Nach beendeter Darbietung beginnt unser Gast unablässig in den Taschen zu suchen. Da er nichts findet, leiht er sich vom Uhrmacher ein Päckchen Zigaretten, von dem er einen Teil an die Spieler verteilt. Den Rest steckt er in die eigene Tasche, natürlich auf Nimmerwiedersehen.

Diese verbotenen Konzerte dauern nicht lange an. Vermutlich kamen der Lagerverwaltung Gerüchte darüber zu Ohren, denn eines Tages ist Bischop verschwunden, nicht nur aus unserem Block, überhaupt ganz aus dem Lager. Wir erfahren nach einiger Zeit, daß die Verwaltung durch eine Anzeige von seiner „schmutzigen" musikalischen Neigung hörte und er sofort an die Front geschickt wurde.

Eines der amüsantesten Beispiele für das Zusammenprallen der Lagerdisziplin mit der Musik ist ohne Zweifel die Episode mit dem ‚Genre-Bild' – einem Werk, das für ‚Sonntags-Konzerte' vorgesehen ist. Es trägt den Titel „Die Postkutsche" und wird vom Lagerführer selbst bestellt. Im Klavier-Auszug steht die Bemerkung, daß „die Solotrompete am Anfang wie aus weiter Ferne, pianissimo, ertönen und dann immer lauter werden solle, je mehr die Kutsche sich der Stadt nähere", denn ohne dies habe das Musikwerk seine Wirkung eingebüßt, und der Zuhörer wisse nicht, worum es gehe.

Ich befinde mich also in großen Schwierigkeiten: wie kann ich den gewünschten Effekt erreichen, wenn der Trompetenspieler auf seinem Platz sitzenbleibt, ohne sich fortbewegen zu können? Und ich weiß natürlich, daß dem Kommandanten sehr an diesem Effekt liegt. Die Trompete mit einem Dämpfer spielen zu lassen, wäre sinnlos, denn wer hat je eine Posttrompete mit Dämpfer gehört? Mit einem Dämpfer beginnen und ihn mitten im Stück aus dem Trichter zu nehmen, kommt nicht in Frage, damit würde der erwünschte Effekt glatt verlorengehen. Was tun?

Die Hierarchie berücksichtigend, stelle ich dieses ‚bedeutungsvolle Problem' Franz Danisch gehorsam vor. Ich erkläre ihm verständlich, daß diese „Postkutsche" ganz klar ein Wunsch des Lagerführers sei, der Trompeter müsse also aus dem Lager herausgehen – weit genug, um nicht gesehen zu werden – und sich langsam unserem Podium nähern, wo sein triumphierendes Signal fortissimo mit unserer Ensemblebegleitung enden solle.

Danisch kratzt sich den Kopf, diese nicht alltägliche Situation scheint seine Kompetenzen zu überschreiten. Nach langem Nachdenken trifft er die schwierige Entscheidung: Wir gehen zusammen zum Lagerführer, und Du erklärst ihm alles genau, vielleicht kann er sich was Kluges ausdenken. Wenn er eine Postkutsche mit Trompete haben will, soll er sich auch den Kopf darüber zerbrechen."

Der Lagerführer hört mir aufmerksam zu und findet auf der Stelle die Lösung: „Der Solist muß aus dem Lager gehen, das ist klar. Aber er wird dort vom Wachmann eskortiert werden, dieser wird Schritt für Schritt hinter ihm hergehen und beide kehren so ins Lager zurück. Das müßte ein ausgezeichnetes Resultat geben." Und es gab ein ausgezeichnetes Resultat!

Beide Melodiensträuße, Schubert und die russische Zigeunermelodie, haben einen irren Erfolg bei den SS-Männern. Wenn wir letzteres spielen, hört der Kommandant angeblich auf zu arbeiten und lauscht - in Nachdenken versunken - dieser überschwenglichen Musik, die ihm die unergründliche slawische Seele singt.

An diesem denkwürdigen Sonntag spielen wir auch die allgemein beliebte „Russische Phantasie". Ich führe das Orchester mit Begeisterung, fast Inspiration, die sich wohl auch auf die Musiker überträgt, denn sie spielen wie nie zuvor. Irgendwann gebe ich dem Klarinettisten zu meiner Rechten ein Zeichen. Aus dem Augenwinkel bemerke ich den am Tor stehenden Baretzky. Er steht mit gespreizten Beinen, die Hände in die Hüften gestützt und den Kopf irgendwie herausfordernd gehoben. Ich schenke ihm weiter keine Aufmerksamkeit und spiele das Konzert bis zum Ende, in der Überzeugung, daß er uns, ähnlich wie die anderen, mit Vergnügen und Anerkennung zuhöre.

Kaum mache ich die letzte Bewegung mit meinem Stab, fährt Baretzky mit seinem obligatorischen Fahrrad zu uns, befiehlt, die Instrumente auf ihren Platz zu bringen, allesamt zum gegenüberliegenden Ende des Lagers zu gehen und dort auf ihn zu warten.

Bald begreife ich, worum es ihm geht. „Deutsche Eichen!" Die hatte ich ganz und gar vergessen. Da werden wir nicht ungestraft davonkommen. Es bleibt uns aber nichts anderes übrig, als seinem Befehl zu folgen und auf das Urteil zu warten.

Nach ein paar Minuten fährt Baretzky vor. Er lehnt das Fahrrad an einen Baum und stellt sich vor uns. In der Hand hält er einen knorrigen Stock. Er hält eine kurze Rede, anfangs in einem mäßigen Ton, der bald an Kraft und Leidenschaft zunimmt und heiser schreiend mit einem Befehl endet: „Es gibt verschiedene Arten von Musik auf der Welt. Für mich existiert nur eine: Meine Musik! Und meine Musik, das sind die ‚Deutschen Eichen'. Ihr habt mich alle am Tor stehen sehen und habt ruhig weitergespielt, als ob nichts wäre, als ob ich überhaupt nicht existierte! Ihr werdet dafür bezahlen, ihr ‚braven Kerle!' Vorwärts! Niederhokken! Aufstehen! Niederhocken! Aufstehen! Knien! Aufstehen! Flach auf den Bauch legen! Aufstehen!"

Baretzky schwingt seinen Stock und schlägt uns, diktiert mit schnellem Tempo eine endlose Litanei von Übungen, die als schwerste Strafe im Lager gelten. Das hat einen unschuldigen, edlen Namen: „Sport". Man muß ein gut trainierter Athlet sein, um länger als fünf Minuten, das Straf-Minimum, durchzuhalten. Diese Strafe erhalten im allgemeinen die unterernährten, schwächlichen, zu größeren Anstrengungen nicht mehr fähigen Wesen, und an diesen mangelte es auch im Orchester nicht, obwohl es den Musikern darin ein wenig besser geht, als den anderen Häftlingen.

Einzelne Übungen dieses Sportes sind folgende: Niederhocken, Laufen, wie ein Frosch springen, auf dem Boden um die eigene Achse drehen, Liegestütz, auf den Hügel laufen und hinabrollen und noch andere ausgesuchte Quälereien. Eine Übung folgt der anderen in teuflischem Tempo, durch unseren Schinder mit gleichmäßig eisiger Stimme skandiert und unter Benutzung des

Knüppels, der nicht den kleinsten Verstoß durchgehen läßt, nicht die kleinste Ungenauigkeit in der Ausführung. Nach ein paar Minuten dieser Art Sport sind wir schweißgebadet, bekommen keine Luft mehr, unerträgliche Schmerzen schneiden uns ins Herz, in den Ohren rauscht es, und wir sind der Ohnmacht nahe.

Wie lange dauert es? Eine Minute? Zwei? Drei? Wieviel Strafminuten hat Baretzky für uns vorgesehen? Jede Sekunde ist wie eine Ewigkeit. Ich blicke heimlich auf. Eben schaut er auf die Uhr in seiner Hand. Vielleicht ist es schon vorbei? Nein. Baretzky, ungerührt wie ein Automat, blafft weitere Befehle und schlägt...

Wir bewegen uns kaum noch, einige von uns fallen kraftlos, wie gelähmt, zu Boden. Noch ein Blick auf die Uhr und Baretzky gibt ein Schlußzeichen, es ist überstanden. Bevor er wegfährt, droht er zum Abschluß: „Dieses Mal begnügte ich mich mit einer leichten Bestrafung: zehn Minuten. Nächstes Mal verabreiche ich euch eine Viertelstunde! Ich wünsche euch nicht, daß es dazu kommt!"

Wir wünschen uns das auch nicht. Alles wird von mir abhängen, von meiner Geistesgegenwart. Nur eine Sache muß dabei geklärt werden: wenn Baretzky auftaucht, soll ich die gerade laufende Musik unterbrechen oder soll ich sie bis zum Ende spielen und dann mit den „Deutschen Eichen" folgen?

Die Sache klärt sich nach ein paar Tagen. Wir proben auf dem Block einen mir neu eingereichten modischen Wiener Walzer, ein Lied aus der musikalischen Komödie „Burgtheater". Eine schöne, sentimentale Melodie, halb singend, halb tanzend. Ich überarbeite sie sehr sorgfältig und wir alle erfreuen uns ehrlich an ihr.

Wir gelangen an den Punkt, an dem die Stimmung ihren höchsten Ausdruck erreicht, als plötzlich in der Tür des Blocks unser ewiger Quälgeist erscheint – Baretzky! Instinktiv unterbreche ich abrupt das überschwengliche Liebesmotiv und rufe mit lauter Stimme: „Deutsche Eichen!" Doch zu meinem höchsten Erstaunen widerspricht Baretzky mit mildem Lächeln: „Nein, nein, weitermachen!"

Also ertönt das Motiv weiter bis zum Ende und wir werden nicht bestraft. Ich nehme meinen Mut zusammen und gehe zu Baretzky, stehe vor ihm stramm und frage demütig, ob wir das immer so machen sollen: das begonnene Werk zu Ende spielen und dann seinen Lieblingsmarsch? Die Antwort lautet: „Ja, ja! Weiterspielen und dann: ‚Deutsche Eichen'!"

Wenigstens weiß ich jetzt, was ich machen soll. „Sport" muß mein Orchester nicht mehr am eigenen Leibe erfahren!

Rapportführer Joachim Wolff ist ein häufiger Besucher unserer Musikstube. Er hat keine besonderen Vorlieben, mag jede Art von Musik, wenn sie nicht zu laut ist. Wolff hat gute Manieren, an seinem Umgang ist nichts „Dienstliches", er besucht uns wie ein Nachbar. Aber man weiß, daß der Hauptgrund seines Besuches der Person des Heinz Lewin gilt und außerdienstlichen Plaudereien mit ihm. Das sind aber keine vertraulichen Gespräche, sie führen sie in meiner Anwesenheit und manchmal nehme auch ich daran teil.

Wolff macht den Eindruck eines milden Menschen, der zu der den SS-Männern eigenen Brutalität unfähig ist. Darum funktioniert seine Uhr immer perfekt und im Gegensatz zu seinen Kollegen kommt Wolff nicht zu Lewin, weil der Uhrmacher ist, sondern auf einer ganz anderen Ebene. Die Sympathie für Lewin beruht auf der Tatsache, daß beide in derselben Stadt das Licht der Welt erblickten, im ostdeutschen Halle a. d. Saale. Jeder Besuch von Wolff ist ein zusätzliches Glied in der Freundschaftskette, die den deutschen Schinder mit den deutschen jüdischen Opfern zu verbinden scheint. Nach jeder Rückkehr aus dem Urlaub fragt Heinz ihn nach Neuigkeiten aus ihrem gemeinsamen Geburtsort.

Wolff geizt nicht mit Neuigkeiten und erzählt von allem, wie im Kreise der Familie. Zuletzt beschrieb er detailliert, wie sehr die Stadt unter feindlichen Luftangriffen gelitten hat und nennt Straßen, Gebäude, Denkmäler, Sehenswürdigkeiten, die geradezu dem Erdboden gleichgemacht wurden.

Diese Gespräche finden meistens am späten Abend statt, wenn das Lager in unheilvoller Stille versunken ist, die nur selten von fernen Gewehrschüssen unterbrochen wird.

Eines Abends stellt Heinz Wolff vorsichtig die Frage, die uns alle seit langem beschäftigt. Schießen hört man jetzt häufiger als sonst und für vertrauliche Mitteilungen scheint der Augenblick günstig zu sein. Die Deutsche Armee zieht sich überall von der Ostfront zurück. Der Volkssturm wurde im gesamten Reichsgebiet mobilisiert. Jeden Monat, ja jede Woche erwartet man die Landung der Alliierten an der Nordküste Frankreichs. Das ganze Lager weiß darüber, die Neuigkeiten gehen von Mund zu Mund. Die Neugier von Heinz Lewin scheint für Wolff ganz natürlich zu sein.

„Herr Unterscharführer, denken Sie, die Deutschen können den Krieg noch gewinnen?"

„Nicht unbedingt"- antwortet Wolff nach kurzer Überlegung, „die Chancen werden immer geringer."

„Wenn das so ist, wird die Welt doch davon erfahren was hier alles geschieht, hier und in anderen Lagern - falls sie es jetzt nicht schon weiß. Glauben Sie nicht, daß die Deutschen Rechenschaft ablegen müssen?"

„Durchaus nicht. Niemand wird Rechenschaft ablegen. Denn niemand wird davon erfahren."

„Ich verstehe, Sie wollen sagen, daß von den Gefangenen niemand lebend davonkommen, daß es keine Augenzeugen geben wird."

„Nicht doch, das wollte ich damit nicht sagen."

Langes Schweigen. Wolff scheint seine Gedanken zu ordnen, Worte zu suchen, die das besser ausdrücken können. Er beginnt sehr langsam zu sprechen, als ob er etwas Verbotenes zuließe:

„Sehen Sie, es ist vielleicht besser, daß ihr wißt, wie die Sache in Wirklichkeit aussieht. Grundsätzlich darf laut Führerbefehl nicht ein einziger Häftling lebend ein Konzentrationslager verlassen. Anders ausgedrückt, es wird niemanden geben, der der Welt erzählen könnte, was während dieser Jahre hier geschah. Und selbst, wenn sich solche Zeugen fänden - NIEMAND WIRD IHNEN GLAUBEN! Darauf basiert der geniale Plan des Führers! Er hat etwas ganz Einfaches angefangen und in die Praxis umgesetzt, was aber den Verstand des ‚Nicht-Deutschen' zivilisierten Menschen übersteigt. Ich verstehe, euch allen scheint das ungeheuerlich, unbegreiflich, barbarisch zu sein - aber nur deswegen, weil ihr einer anderen Rasse angehört. Sogar wenn wir den Krieg verlieren - was keineswegs sicher ist - wird uns niemand die Rechnung vorlegen. Höchstens werden sich ein paar führende Persönlichkeiten entschuldigen müssen. Euer ‚Gericht' - wenn es überhaupt zu einem Gericht kommt - wird im Rahmen eines Tribunals stattfinden, das sich auf veraltete Gesetzesformeln stützt, die keine Anwendung auf unser ‚Verbrechen' finden können. Eure Richter werden sich gezwungen sehen, die eigene Inkompetenz zu erkennen, weil kein ‚menschliches' Gericht Willkür mit Willkür strafen wird. Die Deutschen werden mit heiler Haut davonkommen und ewig leben."

Rottenführer Pery Broad ist wohl unser häufigster Besucher und der treueste Freund unseres Orchesters. Eine besonders farbige, beunruhigende Erscheinung. In gewissem Sinne ein Wunderkind. Er ist noch nicht einmal 22 Jahre alt, man könnte sagen, noch ein

Junge, und schon bekleidet er die Stelle des Chefs der Abteilung ‚Politisches Büro' in Birkenau. Er wurde in Rio de Janeiro geboren, der Vater Brasilianer und die Mutter eine Deutsche. Gemischte Ehen haben angeblich ausgezeichnete Ergebnisse. Pery Broad ist ein Beispiel, das diese Theorie bestätigt. Er entscheidet nicht nur über das Schicksal der einzelnen Häftlinge, sondern auch - und das häufig - über ganze Gruppen verschiedener Nationalitäten. „Schicksal" - das bedeutet Tod in der Gaskammer. Diese ehrenvolle Funktion verdankt Pery Broad vor allem seiner (physischen) Kurzsichtigkeit, die ihn vom aktiven Dienst befreite und ihm erlaubt, der Stimme der Berufung zu folgen.

Während der Prozesse, die in Frankfurt am Main stattfanden, war die Rede von zahlreichen Verbrechen, die dieser Milchbart in Birkenau verübt hatte. Aber niemand erwähnte, so weit ich weiß, seine überdurchschnittliche musikalische Begabung - nicht im Sinne von mildernden Umständen, sondern als Beispiel solcher selten anzutreffenden Verknüpfung - typisch teutonisch? - von zügellosen Verbrechen mit höchster Kunstfertigkeit.

Pery Broad macht den Eindruck eines reinen Intellektuellen, und im Rahmen unserer ‚Beziehungen im kleinen Kreis' bezeichnet ihn das sicher richtig und seine obligatorische Brille unterstreicht das noch. Er spricht mehrere Fremdsprachen und nichts in seinem Benehmen und Umgang verrät etwas über seine Tätigkeit. Er erscheint in unserer Musikstube mit sorgloser Miene, lächelnd, wie ein Kollege von der Universität oder eher vom Konservatorium.

Sein Instrument ist die gewöhnliche Ziehharmonika, das Akkordeon. Ich habe dieses populäre Instrument immer verachtet, als eine Art musikalischen „Bankert" betrachtet, der ausschließlich für Straßenmusik und Bettelei geeignet ist. Und nun treffe ich in der Person des Broad einen echten Künstler, einen Virtuosen der

Spitzenklasse, sowohl im Ensemble als auch in Solo-Darbietungen. Unter seinen langen, aristokratischen Fingern, die schnell über Tasten und Register laufen, gleichzeitig mit dem Blasebalg jonglieren - erlangt das von mir verachtete Akkordeon auf der Stelle Rehabilitation und Einlaß in die Reihe der großen Familie der Musikinstrumente.

Broad ist in erster Linie ein Liebhaber von Jazz-Musik. Er kennt fast das gesamte ‚Hit-Repertoire', das amerikanische, wie das europäische, auswendig. Im Gegensatz zu Bischop verbirgt er vor niemandem seine Besuche oder Musikdarbietungen. Er spielt öfter mit einigen unserer besten Virtuosen, Geigern, Klarinettisten, Trompetern, Posaunisten und natürlich den Schlagzeugern, alle Holländer. Manchmal aber hat er Lust zu Solo-Darbietungen. Dann improvisiert er wagemutige Läufe, schwindelerregende Passagen und verbindet schwungvoll Akkorde und Rhythmus, worum ihn jeder ‚seriöse' Komponist beneiden könnte.

Manchmal werden die sanften Züge des Künstlers durch eine Grimasse der Ungeduld verzerrt. Dann schmeißt er voller Wut das Akkordeon von sich und flucht durch die Zähne: „Verfluchtes Zeug!" Tatsächlich, unsere vier Ziehharmonikas sind ununterbrochen dem schlechten Wetter ausgesetzt und befinden sich nicht erst seit gestern in diesem schlechten Zustand; da ist es für einen Künstler seines Ranges schwer, sich damit zufriedenzugeben. Darum bringt Broad eines Nachmittags sein eigenes Instrument mit. Es ist eine echte Perle, ein nagelneues Akkordeon, mit modernen Weiterentwicklungen versehen, mit zahlreichen Bässen und nicht weniger zahlreichen Akkorden. Damit ist uns erst klar, was für einen virtuosen Gipfel der Meisterschaft dieser Künstler erreichen kann, wenn er sich in seinem Element befindet, das heißt auf seinem Instrument, mit dem er so verwachsen ist, glänzen kann.

Aber sogar dieses ausgesuchte Akkordeon befriedigt ihn nicht ganz. Broads Traum ist eine Ausstattung mit einem zusätzlichen Register, das den Klang von Waldhörnern mit aufgesetzten Dämpfern nachahmen würde. An diese Aufgabe macht sich natürlich unser Geigenbauer-Uhrmacher Heinz Lewin; und so hockt er für mehrere Tage am Inneren des Instrumentes und erfüllt die nicht einfache Aufgabe ganz ausgezeichnet. Broad freut sich sehr, und mit seiner Freude kommt auch die entsprechende Belohnung: Heinz erhält 250 Zigaretten – ein unbezahlbares Vermögen!

Es gibt auch Zeiten, in denen die Besuche Broads selten werden. Bekannt ist, daß er dann mit ganz anderen Sachen, die ihn mehr als Musik beanspruchen, beschäftigt ist.

Vor kurzem wurde er mit der Mission betraut, eine bestimmte Menge reizender weiblicher Gefangener für ein von der Verwaltung neu gegründetes öffentliches Haus in Auschwitz I anzuwerben. Es wird sowohl von den SS-Männern, als auch von der Lagerprominenz aufgesucht. Von Birkenau aus begeben sie sich mit einer entsprechenden Eskorte dorthin, die sie dann auch wieder „nach Hause" geleitet.

Neulich verschwand Broad viel länger, als er das früher getan hatte, aus unserem Blickfeld. Es ging um eine „Bagatelle": das Verbrennen von ein paar tausend Zigeunern und später ebenso vielen Tschechen. Diese Brandopfer werden vor den Häftlingen geheimgehalten: dann wird die sogenannte Blocksperre befohlen, während der kein Gefangener auch nur die Nase aus dem Block stecken darf. Aber gerade diese Geheimhaltung bewirkt, daß alle wissen, worum es geht; abgesehen davon, daß tagelang vom Krematorium der erstickende Gestank verbrannten menschlichen Fleisches herüberweht.

Muß man sich noch wundern, wenn nach dem Vollbringen derartiger Leistungen Broad nach Entspannung zwischen den Musikern dürstet, nach den Klängen seines beliebten Akkordeons, das um ein neues Register bereichert wurde?

Lagerführer Hauptsturmführer Schwarzhuber besucht niemals persönlich unseren oder einen anderen Block. Alle musikalischen Befehle gibt er dem Orchester durch einen Boten oder irgendwelche Blockführer. Dann plötzlich die bezeichnende Ausnahme: Franz Danisch persönlich, atemlos, aufgeregt, stürzt wie ein Blitz in unseren Block und kündigt mit erstickender Stimme an, daß der Kommandant in drei Tagen, am Sonntag, Geburtstag hat und mit seiner Familie anläßlich dieses Ereignisses das Lager besuchen wird. Ich habe dafür zur Begrüßung eine festliche Fanfare zu komponieren. Das Orchester hat sich lange vor Ankunft der „vornehmen" Familie auf dem Podium einzufinden.

Diese dringliche Bestellung wird von einer besonderen Gnade begleitet: während dieser Tage, die uns von dem Fest trennen, werden die Musiker nicht zur Arbeit gehen, um so oft wie nötig zu üben und sich ordentlich auf das sonntägliche Konzert vorzubereiten.

Ich glaube nicht, daß die Idee der Fanfare Danischs Hirn entstammt, es scheint mir eher, daß ihn der Lagerführer selbst mit dieser Mission betraute und ihm einredete, er selbst, also Danisch, sei der Urheber dieser Initiative. Auf jeden Fall sind diese drei von schwerer Arbeit freien Tage ganz erfüllt mit der aufregenden Arbeit an der Fanfare und an dem ganzen Konzert.

Der Mensch denkt und Gott lenkt. Genauso wie die Kriegsstrategie, so kann auch der festgelegte Plan der Vernichtung eines Teiles der Menschheit nicht mit Geburtstagen oder Festen rechnen, die Privatpersonen feiern, wie hoch sie auch gestellt sein mögen.

Der pure Zufall will es, daß an eben diesem Sonntag das Familienfest von Hauptsturmführer Schwarzhuber - wie ein verabredetes Rendezvous - mit dem Zug einiger tausend gefügig in die Gaskammern Schreitender zusammentrifft. An diesen Anblick sind wir schon seit langem gewöhnt. Von unserem Podium aus sieht man sehr gut die lange, gewundene Kolonne der Verurteilten in Begleitung schwerbewaffneter SS-Männer zu beiden Seiten. Durch die Klänge der Musik herangelockt, drehen sie ihre Köpfe in unsere Richtung. Vielleicht glauben sie, wenn hier Musik ist, wird ihnen nichts Böses geschehen...

Franz Danisch ist sichtlich überrascht von diesem unerwarteten Zusammentreffen. Offensichtlich ein Irrtum im Fahrplan. Dieser Transport wird erst für morgen erwartet. Danisch hört nicht auf, nach dem Wagen des Kommandanten, der für eine bestimmte Zeit angekündigt ist, Ausschau zu halten und rennt wie ein Verrückter vom Podium zum Tor und zurück. Das Orchester spielt irgendeine Ouvertüre, mein Stab schreibt gedankenlose Bewegungen, an uns allen zehrt eine nervöse Unruhe.

Plötzlich, auf Danischs Zeichen, steht die Menschenmenge bewegungslos, als ob sie jemand verzaubert hätte. Der Wagen des Kommandanten kommt heran und hält neben dem Tor. Gleichzeitig zerreißt die triumphale Fanfare der vier Trompeten die Luft. Dem Wagen entsteigt Schwarzhubers elegante Silhouette. Er steht stramm und salutiert, indem er die Hand zur Schirmmütze hebt. Danisch steht starr, mit herausgestreckter Brust und entblößtem Kopf wie am Boden festgewachsen, bereit, auf jeden Wink des Kommandanten herbeizueilen.

Die Fanfaren verstummen. Wir beginnen mit der ersten Nummer des Programmes, natürlich „Heimat, deine Sterne“. Der Kommandant hilft drei Personen aus dem Wagen zu steigen. Es sind die Ehefrau und zwei Kinder, vielleicht sechs und acht Jahre alt. Die Frau strahlt einen Hauch von Schönheit und Frische aus, sie steht neben ihrem Gatten und stützt sich zärtlich auf seine Schulter. Zu beiden Seiten des bezaubernden Paares stehen die Kinder, von wahrhafter Engelsüße. Der Kommandant flüstert seiner Frau etwas ins Ohr, zeigt auf das Lager und die Masse der reglosen Opfer. Vielleicht erzählt er ihr, auf welche Weise die Feinde des Führers und des Dritten Reiches bestraft werden. Aber er erzählt ihr bestimmt nicht alles...

„Die Deutschen werden mit heiler Haut davonkommen und ewig leben." Diese Worte des Rapportführers Joachim Wolff verfolgen mich wie ein böser Geist, an den man zwar nicht glaubt, aber der einen in jeder Beziehung erbarmungslos in die Enge treibt. Schon jetzt liegt es auf der Hand, daß Hitlers in großem Ausmaß angelegte Kriegspläne unabhängig voneinander auf verschiedenen Bahnen verlaufen, jeder von ihnen von anderer Hand gesteuert, und eine Hand weiß nicht, was die andere tut. Angeblich arbeitet im Lager ein geheimer Horchposten, und so kommen von überall Nachrichten vom Kriegsgeschehen, die die nahe und unvermeidliche Niederlage Deutschlands verkünden. Aber wie kann man daran glauben, wenn gleichzeitig die Riesenmassen entführter Menschen aus dem unterworfenen Europa vor unseren Augen vorbeiziehen? Russen, Polen, Franzosen, Niederländer, Ungarn, Tschechen, Zigeuner, Bulgaren - Juden und Nicht-Juden - wahrhaftig ein neuer Turm zu Babel. Eingelullt durch unsere Sirenen-Musik marschieren die Menschenmassen geradezu friedlich zur Hinrichtung.

In den Erinnerungen eines Generals der Wehrmacht - an seinen Namen erinnere ich mich nicht mehr - stellt der Autor die apodiktische These auf, daß eine der nicht geringen Ursachen für die Niederlage der Deutschen der Mangel von Transportkapazitäten für Armee und Versorgung bei der Bahn war. Einzelne Truppenführungen forderten Verstärkungen an, aber der Führer blieb uneinsichtig: Vorrang hatte der Transport der Juden in die Vernichtungslager; es ging nur darum, alle Juden vor Ende des wie auch immer ausgehenden Krieges zu vernichten. Man will es nicht glauben. Aber ist es nicht gleichgültig, ob man es glaubt oder nicht? Wer streitet ab, daß Hitler die Sache mit den Juden besser gelang, als die mit dem Krieg?

Albert Speer schreibt in seinen Erinnerungen, nachdem die im ‚Kessel' von Stalingrad belagerte 200.000 Mann starke 6. Deutsche Armee (andere Quellen sprechen von über 250.000) ihrem Schicksal überlassen wurde: „Göring lud, anläßlich der Wiedereröffnung der zerstörten Berliner Staatsoper, zu einer festlichen Aufführung von Richard Wagners ‚Die Meistersinger von Nürnberg' ein. In Festuniformen oder Frack nahmen wir in der großen Führer-Loge Platz. Die heitere Handlung stand in einem so quälenden Gegensatz zu den Ereignissen an der Front, daß ich mir sehr lange vorwarf, die Einladung angenommen zu haben."

An anderer Stelle schreibt Speer (ich gebe es verkürzt und sinngemäß leicht verändert wieder): „Nach dem symphonischen Konzert, welches in Berlin Mitte im Dezember 1944 unter der Leitung von Wilhelm Furtwängler stattfand, fragte mich dieser unverhohlen, ob Deutschland irgendeine Chance habe, den Krieg zu gewinnen. Ich antwortete: ‚Nein!' und da ich wußte, daß sich Furtwängler wegen so mancher ehrlicher, öffentlicher Äußerungen Repressionen von seiten der Alliierten aussetzte, empfahl ich ihm, nach dem geplanten Festival in der Schweiz nicht nach Deutschland zurückzukehren. Furtwängler protestierte: ‚Und was geschieht mit meinem Orchester? Ich bin dafür verantwortlich.' Ich versprach ihm, daß ich mich persönlich um seine Musiker kümmern werde. Ich konnte nicht voraussehen, daß Goebbels mich dabei stören würde. Er nämlich entschied, daß die Musiker, so wie alle anderen auch, an der Verteidigung Berlins teilnehmen müßten: ‚Dieses Orchester verdankt sein hohes Niveau und die Anerkennung, die es in der ganzen Welt genießt, nur mir allein und meinen Subventionen! Die, die nach uns kommen, haben keine Rechte darauf! Es kann mit uns zusammen umkommen und zugrundegehen!' Es gibt keine Regel ohne Ausnahme. Goebbels war hoch unmusikalisch."

Angeblich gewöhnt man sich an alles, auch an das Schlimmste, an das Ungeheuerlichste. Bis jetzt habe ich nicht das Geheimnis dieses für das Lager typischen Phänomens erforscht, das man nicht anders als ‚Gewöhnung' nennen kann. „Gewöhnung" an alles, was rund um uns her geschieht und dessen eigentlich gleichgültige Zeugen wir werden. Gewöhnung an die Menge der menschlichen Wesen die willenlos ins Ofenloch der Krematorien ziehen, an den Gestank der Toten, den wir tage- und nächtelang einatmen, an die chaotische Mischung aus Hunger und Überfluß, an extreme Armut und an den aus der Armut entstandenen Wohlstand, an Grauen und Frohsinn.

Nach ausreichend langem Aufenthalt im Lager wird die Monotonie der Hölle, in der wir zu leben haben, zur gedankenlosen, sorglosen, banalen Alltäglichkeit. Uns interessieren nicht die günstigen Nachrichten von der Front, die Voraussage der baldigen Niederlage Deutschlands und des Kriegsendes. Sie betreffen uns nicht, denn vor diesem Ende wird unser eigenes Ende kommen.

Für jeden von uns kommen die Nachrichten aus einer Welt, die wir vor langer Zeit kannten, aus einer Welt, in der wir als freie Menschen lebten und die für uns heute längst vergangen, gestorben und beerdigt ist. Jeder von uns hat nur diesen einen Gedanken: warum nicht die letzten Momente des Lebens nutzen, wenn schon alle anderen Momente ins Land der unerfüllten Träume gehören.

Täglich werden wir mit der gespenstischen ‚Medaille, die zwei Seiten hat' konfrontiert: mit der einen, der Hölle, und mit der anderen, den Wohltaten, mit denen diese Hölle die Auserwählten des Schicksals beschenkt, nämlich diejenigen, die sich ‚eingewöhnen' konnten.

Das Heer von Menschen, das von den Tag für Tag aus fast ganz Europa ankommenden Waggons ausgespuckt wird, wirft bis in den Himmel reichende Stapel von Koffern, Truhen, Taschen, Bündeln, Päckchen auf den Bahnsteig – vollgestopft mit Lebensmitteln, Schleckereien, Alkohol, Juwelen, Dollars, Goldmünzen und anderen Kostbarkeiten – die die Augen der Eigentümer nie wiedersehen werden. Diese Schätze stärken das Lager, sowohl seine Bewohner (natürlich nicht alle) als auch die Aufseher von der SS, obwohl sie eigentlich für den Transport ins Reich bestimmt sind, um dessen angeschlagene Wirtschaft gesunden zu lassen.

Es gibt im Lager ein Sonderkommando, das für die Aufteilung und den Transport des jüdischen Reichtums zuständig ist. Offiziell heißt es „Aufräumkommando", aber seine Mitglieder haben es nach ihrer Art ‚Kanada' genannt – als Symbol für Wohlstand und Reichtum – dieser Name wurde sehr schnell sowohl bei den Häftlingen, als auch offiziell in die Verwaltungsterminologie aufgenommen.

‚Kanada' zählte zu Beginn 200 Personen, bald bereits 800, aber auch die können kaum Schritt halten mit der ‚Bedienung' von

Zehntausenden ausgezeichnet ausgestatteter Ankömmlinge. Angeblich stehen die sich sputenden ‚Kanadier' unter strenger Aufsicht der SS-Wachen, aber diese sehen über die kleinen und weniger kleinen Diebstähle hinweg, die die ‚Kanadier' fast herausfordernd begehen, denn es ist für niemanden ein Geheimnis, daß der größere Teil der Beute in ihre Hände gelangt. Unabhängig davon unterliegen die ‚Kanadier' einer mehr symbolischen, sehr oberflächlichen Leibesvisitation, wenn sie ins Lager zurückkehren. Dafür wurde vorgesorgt: ihre Jacken und Hosen haben besonders große Taschen und Verstecke, von darauf spezialisierten Schneidermeistern eingenäht. In ihnen gibt es für vieles Platz, besonders für kleinere Gegenstände.

So also dringt ein beständiger Fluß aller möglichen Kostbarkeiten zum Lager durch: Edelsteine, Zigaretten, Schokolade, Armbanduhren, Spirituosen, Parfums, elegante Wäsche, Gemüsedosen, Obst- und Fleischkonserven. All das findet unter den absichtlich zerstreuten Blicken der SS-Leute höherer oder niederer Dienstgrade statt, die auch von dieser Begünstigung der Häftlinge ihren Nutzen haben.

Diese Manipulationen, die ununterbrochen in einem alle Vorstellungen überschreitenden Ausmaß durchgeführt werden, ermöglichen im Innern des Lagers das Entstehen einer Wirtschafts- und Sozialstruktur mit privilegierten und sozial schwachen Schichten, mit ‚Innen-' und ‚Außenhandel', mit Preisen für Lebensmittel und anderen Dingen, mit Börsenkursen und ihren Fluktuationen. Wir haben auch eine eigene Währung, deren Wert niemand in Frage stellt. Diese Währung ist die Zigarette. Der Preis eines jeden Artikels wird in Zigaretten festgelegt. Im Falle eines größeren Zustromes wird alles in einer entsprechenden Proportion billiger. Wenn es an ‚Brennstoff' mangelt, erfolgt eine Verteuerung, und einige ‚Kaufleute' haben Preise ausdrücklich in halben oder viertel Zigaretten. Auch Zigarettenstummel sind gesucht und haben ihren eigenen Wert. In ‚normalen' Zeiten, d. h., wenn der Nachschub der für das Gas bestimmten Menschen in gleichmäßigem Rhythmus stattfindet, kostet ein Laib Brot 12 Zigaretten, 300 Gramm Margarine 30, eine Armbanduhr 80 bis 200, ein Liter Alkohol 400 Zigaretten.

Nach dem Vorbild unabhängiger Staaten, führen wir auch einen Warenaustausch mit dem ‚Ausland' durch. Unser ‚Ausland' sind die Zivilarbeiter und Techniker, die von der Verwaltung den verschiedenen Lagerkommandos zugeteilt werden, mit denen sie also ständig in Berührung kommen. Sie sind seriöse Verbraucher verschiedener Waren und Artikel, unter anderem von Wäsche, Kleidung, Schuhen und natürlich Lebensmitteln, die zu liefern nur die Häftlinge von Birkenau imstande sind. In den Reihen der Gefangenen, deren Kommandos morgens zur Arbeit ausrücken, sind auch solche, die unter dem vorgeschriebenen Drillich fast neue Kleidung oder Wäsche tragen und an den Füßen Schuhe in ausgezeichnetem Zustand. Andere haben in ihren Taschen kostbare Steine oder ausländische Währung. All das kommt in die Hände der Zivilisten; dafür sind dieselben Taschen auf dem Rückweg vollgestopft mit Butter, Wodka, Fleisch, Geflügel und anderen wertvollen Schleckereien.

Diese ganze Tausch-Tätigkeit, angeblich geheim, aber in Wirklichkeit von der Verwaltung anerkannt und geduldet, sogar unterstützt, hat einen Namen, der allgemein bekannt ist, von dem aber niemand weiß, wer ihn ausdachte. Diese Tätigkeit heißt: „Organisieren".

„Organisieren“ oder etwas für sich selbst beschaffen bedeutet, eine Sache auf welche Weise auch immer zu erobern, bei den Mitteln nicht wählerisch zu sein. Das kann ‚Ankauf‘ bedeuten (gegen Zigaretten), das kann aber auch Betteln, Tausch, Diebstahl, Abknöpfen, Gewalt, Totschlag sein. Man organisiert eine Scheibe Brot oder zehn Brote, einen erbärmlichen, lausigen Lumpen oder neue seidene Unterwäsche, eine Zigarette oder tausend Zigaretten, einen Liter Suppe oder einen ganzen Suppenkessel, Spaltholz oder ein Brett, zehn Bretter, einen Tisch oder eine ganze Baracke. Man organisiert eine Prise Salz, einen Eimer Kohle, einen Strohsack, Medikamente, Pritschen - alles nach Herzenslust, wenn man die Mittel dafür oder die typische sogenannte Lagerschläue hat.

Unsere gemütliche Musikstube wurde von A bis Z mit der Erlaubnis von Kurt Reinhold „organisiert“, dem Oberkapo des Zimmermann-Kommandos, unserem ‚Mitmieter‘. Die Lagerverwaltung hatte uns zwar die Erlaubnis für Verbesserungsvorhaben erteilt, aber sie interessierte sich nicht für die Mittel, über die wir verfügten, um sie zu realisieren. Es wurde uns nur simpel angeraten: „Organisiert euch das selbst !“ Wie, woher, mit wessen Hilfe - darum kümmerte sich niemand.

Infolgedessen schlossen wir nach nicht allzu langen Verhandlungen ein Geschäft mit Kurt Reinhold ab: das Zimmermannskommando lieferte uns Material und Arbeitskräfte; dafür erteilten wir seinem Meister und Schützling Jozef Papuga den lang erträumten Akkordeon-Unterricht, vorausgesetzt, er wird in unserem Saal üben können. In der Lagersprache reduzierte sich diese Transaktion auf die Formel: das Orchester „organisierte“ für sich einen Musikraum und Jozef Papuga hatte für sich Akkordeon-Unterricht „organisiert“. So hatten beide Seiten ein gutes Geschäft gemacht.

Ein anderes Beispiel, tragisch selbst an der Lagerwirklichkeit gemessen, doch typisch dafür, wie tief die Lagermentalität unsere Welt durchdrungen hatte:

Seit langem existiert in unserer Nachbarschaft das ‚Tschechische Lager', das aus Theresienstadt zu uns verlegt wurde. Der Modus vivendi der tschechischen Juden ist beneidenswert. Sie wohnen mit ihren Frauen und Kindern zusammen, haben ihr langes Haar und ihre alten Frisuren bewahrt, gehen nicht zur Arbeit und werden ziemlich gut ernährt. Sie haben sogar ein kleines Musikensemble, das mehr als zehn Personen stark ist. Mit einem Wort: ein Paradies, das vor dem Hintergrund der unmittelbar benachbarten Hölle etwas Unheimliches an sich hat...

Und eines schönen Tages, wie ein Blitz aus heiterem Himmel, überfällt uns eine schreckliche Nachricht. Der Eindruck, den sie auf uns macht, bestätigt, daß wir doch noch nicht ganz gefühllos sind. Die Geschichte beginnt ganz unschuldig:

Seit geraumer Zeit sind unsere Pulte feucht und angefault, da sie zu oft draußen stehen; sie sind fast unbrauchbar und stehen kaum noch gerade. Die Zimmerleute versprechen, einige davon zu reparieren und einige neue zu bauen, aber irgendwie verzögert es sich. Wegen dieser Sache rede ich ein Wörtchen mit Danisch. Und hier beginnt das Zusammentreffen teuflischer Umstände.

Nach einigen Tagen erscheint ein Bote mit dem Befehl, daß ich mich mit einigen Musikern, aber ohne Instrumente, beim Kommandanten zu melden habe. Wir begeben uns, sehr neugierig gemacht, zu ihm. Nach der vorgeschriebenen Zeremonie „Achtung!" und „Rührt euch!" zeigt der Kommandant auf zwölf schwarze Pulte in einer Ecke und befiehlt uns, sie mitzunehmen, gleichzeitig erklärend: „Ich hörte, ihr braucht Pulte. Nehmt sie mit, ich habe sie extra für eure Kapelle organisiert." Wir erkennen die Pulte. Sie sind aus dem tschechischen Lager, welches wir früher einmal dienstlich besucht hatten. Viertausend Tschechen, die wir um ihren sorglosen Wohlstand beneidet hatten, wurden letzte Nacht ins Gas geschickt. Das war der Preis für die erworbenen Pulte.

Zusammen mit den Pulten erbten wir von den Tschechen einige Geigen, Trompeten und ein unschätzbares Violoncello, das mir sehr gefehlt hatte. Es bereichert nicht nur den Klang des Orchesters, es gibt mir auch die Gelegenheit, ein Streichquartett zu gründen; so schreibe ich aus dem Gedächtnis einige Werke großer Meister auf, und komponiere auch ein eigenes Werk für dieses klassische Ensemble.

Genau wie es auf der ganzen Welt zugeht, haben auch wir hier kleine, mittlere und große „Organisatoren". Nach dem Abendappell, in den Stunden vor der Nachtruhe, versammeln sich in den stillen Ecken des Lagers Gruppen von Drillichträgern, um alles, was nur irgend möglich ist, zu „organisieren". Sie stieben beim Anblick einer Uniform auseinander.

Aber es gibt hier einen Platz, der ziemlich menschenleer ist, auch ziemlich sicher für alle möglichen Arten von ‚Börsen-Tausch-Operationen'. Von hier wird niemand die Händler verjagen. Dieser Ort ist die große Latrine, sie befindet sich am Rande des Lagers in einer Baracke. Von außen ähnelt sie den anderen, sie kann 600 „Gäste" auf einmal aufnehmen. Dort kann man Transaktionen aller Arten tätigen, eine x-beliebige Sache gegen irgendeine andere tauschen. Die Lagerlatrine, das ist die Abschaumbörse „Kiercelak", der Flohmarkt, die Lumpenproletariatshöhle.

Ein kleinerer Raum ist hier von der allgemeinen Latrine mit einem soliden Verschlag abgetrennt und für die Lagerprominenz, die Kapos, Blockführer, Schreiberlinge, Lageristen und ähnliche reserviert. Die Schwelle dieses Reservates wagt kein gewöhnlicher Sterblicher zu überschreiten. Es gibt eben verschiedene Arten der „Apartheid“...

Ganz andere Arten von Transaktionen finden auf den privaten Stübchen der Lageraristokratie statt; nicht nur mit Billigung der SS-Männer, oft mit ihrer konspirativen Teilnahme. Dort handelt man mit Armbanduhren, Brillianten, Dollars und anderen Währungen, mit Wodka und natürlich mit Lebensmitteln auf Großhandelsbasis. Dort kann man auch die Flucht von einem oder ein paar Häftlingen planen, sie mit deutschen Uniformen versorgen. Das ist organisierte Flucht, im doppelten Sinne des Wortes.

Alle Rekorde in der Kunst des Organisierens schlägt jedoch der unersetzbare Kurt Reinhold, ein Liebling sowohl der Gefangenen als auch der SS-Männer hohen und niederen Ranges. Tatsächlich besitzt er einen unwiderstehlichen Charme, atmet dabei echte Gutherzigkeit in Verbindung mit selten anzutreffender Freigiebigkeit. Allerdings, wie wir gleich sehen werden, kann er sich das auch erlauben.

Reinhold wandert seit fast zehn Jahren von Lager zu Lager. Angeblich wurde er wegen Steuerhinterziehung ins Lager gebracht, und so ziert seit langem ein grüner Winkel seine Tasche. Neulich befreite ihn die Lagerverwaltung von diesem nicht gerade ehrenvollen Abzeichen und sprach ihn überhaupt frei vom Tragen einer Kennzeichnung. Das sollte eine Entschädigung für seine ‚besonderen‘ Verdienste sein. Für welche – das weiß keiner.

Dieses Sonderrecht begleitet noch eines: das Recht, sich die Haare wieder wachsen zu lassen – Reinhold erzählt mit Humor, er könne dieses Recht nicht nutzen, da er eine Glatze habe.

Kurt Reinhold führt ein wahrhaft fürstliches Leben, um das ihn so mancher in dieser Zeit auf freiem Fuß lebende Krösus beneiden würde. Sein Frühstück besteht aus zwei Eiern, Butter, Schinken, Konfitüre, echtem Kaffee und richtiger Milch. Er besitzt außerdem einen ansehnlichen Vorrat an verschiedenen Weinen, deutschen und ausländischen, Liköre sowie Schnäpse. Sogar SS-Leute fühlen sich geehrt, werden sie an seinen Tisch geladen. Auf der Baustelle außerhalb des Lagers, wohin Reinhold täglich an der Spitze seines Kommandos geht, hat er einen komfortablen, aus ‚eigenen' Mitteln eingerichteten Schuppen, der ihn vor Unwettern schützt und als Anlaufstelle für seine „Pilger" - zufällige Gäste, Zivilisten und Armeeangehörige - dient.

Die Handel- und Bautätigkeit, welche Reinhold in einem nur schwer vorstellbarem Ausmaß ausübt, könnte ein Thema für ein umfangreiches weiteres Buch sein. Das gesamte Baumaterial, angeblich für den Bau von Lagerbaracken bestimmt, wurde ihm von der Lagerverwaltung übergeben. Reinhold wirtschaftet damit wie es ihm beliebt, er ist niemandem Rechenschaft schuldig, obwohl er theoretisch alle drei Monate über die verwendeten Rohstoffe und die durchgeführten Arbeiten Bericht zu erstatten hat.

Achthundert Personen, das ist zuviel für einen Oberkapo. Darum erwählte sich Reinhold einige ihm vertraute Mitarbeiter, sowohl für den Bereich der eigentlichen Tätigkeit, wie auch - und das hauptsächlich - für den Bereich seines berüchtigten „Organisierens". Sie sind deshalb mit Schwarzmarktmissionen wie Tausch des Baumaterials gegen diverse andere Kostbarkeiten und nützliche Dinge betraut. Durch ihre Vermittlung beliefert Oberkapo Reinhold privilegierte Häftlinge mit Baumaterial und mit allem, was man für ein vom Rest des Lagers abgeschirmtes Privatstübchen braucht.

Die meisten und treuesten Kunden des Kurt Reinhold sind jedoch die SS-Männer selbst, beginnend beim Kommandanten und endend bei den niedersten Dienstgraden. Außer schmucken Häuschen, die wie Pilze nach dem Regen in der Nähe des Lagers aus dem Boden schießen, fertigen zwanzig hochspezialisierte Tischler unter Reinholds Leitung Luxusgegenstände für deren Möblierung und Verschönerung. Alles das geschieht fast offen, unter freiem Himmel, mit unersetzlichen Schäden für die Ausbaupläne des Lagers und des Auschwitz-Unterlagers. Werden neu ankommende Massen von Deportierten vielleicht deswegen direkt ins Gas geschickt?

Die Musik ist ein Konsumartikel par excellence und als solcher fällt sie in den Bereich der Kunst des „Organisierens". Schon zu Kopkas Zeiten wurde sie auf diese Art betrieben, aber in geringerem Maße. Jetzt, bei ständig wachsendem Nachschub an „Gas-Fleisch" und gleichzeitigem Wohlstand der privilegierten Klassen in der Auschwitzer Gesellschaft, nimmt dieses Gewerbe Ausmaße eines bisher nicht gekannten Luxus an.

Fast täglich besucht mich irgendein Lagerbonze und bittet um ‚Ausleihe' einiger Musiker, weil er seinen Namenstag, Geburtstag oder ein anderes Familienfest anständig feiern möchte. Gern stimme ich zu, dies liegt im Interesse der Musik, aber auch in meinem, weil diese Bitten von Geschenken unterstützt werden, deren Ablehnung ich mir nicht erlauben kann.

Nach feststehendem Brauch finden derartige Feste in zwei Etappen statt: die erste um die Morgendämmerung. Musiker, drei oder vier, springen früher als die anderen, noch vor dem allgemeinen Wecken, von ihren Pritschen, um den zu Feiernden mit den Klängen eines Marsches oder einer Serenade zu wecken. Der Protagonist der Feier stellt sich dumm und tut so, als ob diese Aufmerksamkeit für ihn eine Überraschung sei, die ihn sehr rühre. So kommt er schnell aus dem Bett und verteilt unter den musikalischen ‚Weckern' verschiedene Geschenke. Der Anfang dieses Zeremoniells endet mit einer sentimentalen Romanze und traditionellen Glückwünschen, die die Musiker in mehreren Sprachen erlernten, denn nicht alle Gefeierten sind Deutsche.

Der zweite und letzte Akt der Feier findet nach dem Abendappell auf der Privatstube des Prominenten statt, unter Teilnahme einer größeren Anzahl von Musikern. Die Gäste sitzen am reichgedeckten Tisch, auf dem es ebensoviel zu essen wie zu trinken gibt. Nach dem Essen, wenn die Versammelten ordentlich betrunken und zu Tränen gerührt sind, erinnern sie sich an alte Zeiten, bevor sie sich im Lager befanden und summen dabei traurige oder auch fröhliche Lieder - deutsche natürlich. Dabei kann es passieren, daß unerwartet ein SS-Mann in diesen Tempel der Lagerseligkeit einbricht, um etwas zu essen und einen Schnaps zu trinken. Dieses trübt die herrschende Stimmung nicht, die Feier dauert an und zieht sich manchmal bis in die späte Nacht.

Aber diese Abende kann man nicht mit der Geburtstagsfeier von Oberkapo Kurt Reinhold vergleichen - einem Ereignis, das lange in der Erinnerung der Lagerinsassen lebendig blieb. Nach „süßem" Erwachen verließ Reinhold sein Bett im seidenen Schlafanzug und holte aus seinem persönlichen Schrank ein paar hundert Zigaretten und drei Flaschen Likör und beschenkte nicht nur die, die ihn aus dem Schlaf gerissen hatten, sondern das ganze Orchester. Als er nach einer halben Stunde an der Spitze seines großen Kommandos zur Arbeit ging, unterbrachen wir den gerade gespielten Marsch, um zu seinen Ehren eine triumphale Fanfare anzustimmen. Am Abend fand dann ein rechtzeitig von Reinhold „organisiertes“ Bankett zu seinen eigenen Ehren statt, zu dem er nicht nur die Lagergenossen einlud, sondern auch ein paar SS-Offiziere. Schnaps, Wein, Bier, Champagner flossen in Strömen. In dieser allgemeinen feuchtfröhlichen Stimmung bekannte Reinhold allen Anwesenden gutmütig, daß es ihm während der letzten sechs Monate gelungen sei - mit Unterstützung der Lagerverwaltung - soviel Baumaterial und andere Dinge zu verschwenden, daß man davon mindestens fünfunddreißig Baracken hätte bauen können!

Diese Enthüllung hatte die Gesellschaft ungemein belustigt, und um diese tolle Tat zu ehren, trank man auf Reinholds und des Lagerführers Gesundheit und beendete das Fest mit dem Ausruf „Heil Hitler!“

Gleichzeitig mit diesen sorglosen Zechereien hört der Zustrom des menschlichen ‚Brennstoffes‘ nicht auf. Das eine wäre ohne das andere nicht möglich gewesen. Das Personal von ‚Kanada‘ kann diese Aufgabe nicht mehr bewältigen. So wird es durch Rekruten aus weniger ausgelasteten Kommandos erweitert, aber auch das reicht nicht aus. Also nimmt man zu dieser lukrativen Tätigkeit auch ‚meine‘ Musiker. Mich lassen sie in Ruhe, denn Notenschreiben ist nicht weniger wichtig. Hat mich damals diese ‚Auszeichnung‘ enttäuscht? Ich kann es nicht beantworten.

Von diesen Expeditionen kehren die Musiker begeistert mit Essen, Trinken, Preziosen und anderen „organisierten“ Schätzen zurück. Auch ich bin zufrieden, ein satter Musiker spielt besser als ein hungriger.

Die fruchtbare Zusammenarbeit des Orchesters mit den ‚Kanadiern‘ dauert ein paar Wochen an, während der sich die Musiker - und ich mit ihnen - ernähren wie nie zuvor. Keiner macht sich Gedanken darüber, woher die mit Appetit gegessenen Geschenke kommen, niemand hat auch nur die leisesten Gewissensbisse, niemand Skrupel. Alle denken nur an das Eine: den Magen füllen, die verlorenen Kalorien zurückbekommen, das Aussehen des ‚Muselmannes' loswerden; überleben um jeden Preis!

Nach dem „kanadischen" Abenteuer schickt man uns - diesmal muß auch ich mit - ins „Effektenlager", aber nicht, um dort zu spielen, sondern um die desinfizierte Kleidung, Unterwäsche, Schuhe und anderes, die man den jüdischen Opfern vor der Vergasung abnahm, dorthin zu befördern. Diese Dinge sind offensichtlich für den Transport nach Deutschland bestimmt.

Auch dieses kleine Lager ist wie die anderen ringsum mit Stacheldraht umgeben. Es besteht aus einer Doppelreihe Baracken, ähnlich den unsrigen, aber statt menschlicher Wesen befinden sich dort nur Utensilien. Im ersten Block ist nur Oberbekleidung aufgestapelt, im zweiten Unterwäsche, im dritten Schuhe, im vierten Koffer und so weiter, alles hübsch geordnet. In einer Ecke des Lagers sehen wir eine Art Abfallhaufen. In diesem Durcheinander kann man Brillen, Bücher, Gebetbücher, Puppen, Fotos, Stöcke, Schirme, Brieftaschen, Portemonnaies erkennen. Welche Bestimmung dieses Gerümpel hat, ist schwer zu erraten. Wer konnte ahnen, daß all dies irgendwann als Beweismittel für die Nazi-Verbrechen dienen sollte und es mancher von uns in Dokumentarfilmen wiedersehen würde?

Diese dort gelagerte und genau erfaßte Menge an Schätzen wird von speziellen Gefangenen, genauer gesagt weiblichen Häftlingen verwaltet. Sie kommen nie aus der Stacheldrahtumzäunung heraus. Es sind junge Frauen, reizend, elegant gekleidet - nicht in Drillich - und sehen aus wie Damen der besten Großstadtgesellschaft. Das einzige, was ihren Häftlingsstatus verrät, sind die Lagernummer und das an der Brust befestigte Dreieck.

Es ist klar, alles, was diese Frauen essen und womit sie sich kleiden, geht zurück auf die von der Lagerverwaltung tolerierte „Organisation“. Sie haben ständig Umgang mit Dingen von Luxus und Wohlstand, den Artikeln für die ersten und letzten Bedürfnisse; kann man sich also wundern, daß sie ein Abgrund von ihren Schicksalsschwestern des Unglücks und der Sklaverei trennt, die in der tiefsten Armut und Verzweiflung ein paar hundert Meter entfernt vegetieren? Diese reizenden Wesen wohnen in gemütlichen, komfortabel eingerichteten Zimmerchen mit Fenstern, Gardinen, Fensterläden und allem, was man braucht, um sich ‚wie zu Hause‘ zu fühlen. Sie schlafen in primitiven, aber bequemen Bettchen, in Daunendeckchen und Bettwäsche, die regelmäßig gewechselt wird. Sie besitzen zahlreiche Kosmetika, Parfums, seidene Strümpfe und sind so gut frisiert, als ob sie gerade aus den Händen eines geübten Friseurs kämen. Außer der Freiheit haben sie alles, wovon man nur träumen kann. Die Nachbarschaft und auch die häufigen Besuche der Männerwelt, Häftlinge und SS-Männer, begünstigen intime, dem Leben gestohlene Rendezvous. Mit einem Wort - ein „Paradies“ hinter Stacheldraht.

Am Weihnachtsabend 1943 begab ich mich an der Spitze eines kleinen holländischen Ensembles ins Frauenkrankenhaus, um auf Befehl des Kommandanten Schwarzhuber den Kranken ein paar tröstliche Weihnachtslieder zu spielen. Früher, als ich die „Drei Warschauer Polonaisen“ orchestrierte, schrieb ich auch einige deutsche und polnische Weihnachtslieder und dieses Notenmaterial war für diese Gelegenheit bestens geeignet.

Ich möchte den Anblick, der sich unseren Augen bot, nicht beschreiben und auch nicht die stickige Luft, die uns entgegenschlug, als wir die Schwelle dieses Zufluchtsortes überschritten. Man kann nicht fassen, daß dieses ein Krankenhaus ist, dessen Berufung die Heilung und Betreuung von schwachen, erschöpften Frauen ist, die dem Ende nahe sind. Ich vertreibe die düsteren Gedanken. Wir sind hierhergekommen, um zu spielen und nicht um Mitleid mit dem Schicksal von anderen zu empfinden. So spielen wir also, kaum atmend.

Wir beginnen mit dem traditionellen deutschen Weihnachtslied „Stille Nacht, heilige Nacht" (unter den Kranken sind ein paar deutsche Frauen, sonst fast nur Polinnen), unser ‚Publikum' lauscht andächtig. Im Repertoire haben wir noch polnische Weihnachtslieder, „Schlaf, kleines Jesuskind", „In der Krippe liegt", „Kommet ihr Hirten" und „Gott wird geboren". Wir beginnen mit dem ersten. Nach ein paar Takten ist von überall leises Weinen zu hören, das lauter wird, je weiter wir spielen und am Ende übertönt ein allgemeines, unaufhörliches Schluchzen die himmlischen Akkorde der Weihnachtslieder.

Ich weiß nicht, was wir machen sollen; die Musiker sehen mich verlegen an. Weiter spielen? Lauter werden? Zum Glück kommt uns das Publikum selbst zu Hilfe. Von allen Seiten ertönen mühsam artikulierte Rufe, immer zahlreicher, dann ein Schreien - auf polnisch - und das, was ich verstehe: „Genug! Aufhören! Raus! Raus mit Euch! Laßt uns in Ruhe krepieren!"

Ich glaube, wären die Wesen nicht so schwach, hätten sie sich auf uns gestürzt und uns mit Fäusten geschlagen.

Was hätten wir tun sollen? Wir sind weggegangen.

Ich hatte nicht gewußt, daß Weihnachtslieder solche Schmerzen bereiten können.

Zigeuner genossen – bevor sie ins Gas gingen – erhebliche Sonderrechte. Unter anderem besaßen sie eine eigene, gut versorgte Kantine. Als sie fort waren, mußte etwas mit dieser Kantine geschehen. Die Verwaltung entscheidet, sie ins Frauenlager zu bringen, und wieder bürdet man meinen Musikern diese Aufgabe auf. Seit einiger Zeit ist die Lagerdisziplin ziemlich locker geworden, sogar vernachlässigt, und meine Untergebenen nutzen das, um diesem damit verbundenen Hin- und Hergehen ein langsames Tempo zu geben.

Es knüpfen sich hierbei nähere Bekanntschaften an, alle flirten dort ein wenig oder auch mehr. Würde die Tochter von Doktor Menasche noch leben, so könnte er sie fast jeden Tag, manchmal mehrmals täglich sehen. Aber erstarrt in unbewältigter Trauer entzieht sich unser Flötist, so oft er kann, diesen Ausflügen. Dafür begleitet Freund Michael die Kollegen immer: seine beiden Schwestern sind Mitglieder des Orchesters, das natürlich auch im Frauenlager existiert.

Es wurde viel später als unseres gegründet, aber seine Hauptaufgabe ist die gleiche: Rhythmus schaffen für den Ausmarsch und die Rückkehr der Frauenkommandos. In dieser Beziehung herrscht in den Nazi-Lagern Gleichberechtigung. Am Anfang bestand das Orchester aus einer großen Trommel mit Doppel-Tschinellen. Später kamen nach und nach neue Instrumente hinzu, hauptsächlich Mandolinen, Gitarren, einige wenige Geigen, Violoncelli, ein paar Sängerinnen und dann sogar ein Klavier, dessen Mangel ich am Anfang meiner Karriere als ‚Arrangeur' spürbar empfand, als ich nur anhand einer gelieferten Melodie auswendig instrumentieren und komponieren mußte.

Die spezifische Besetzung des Frauenensembles gibt ihm eine sanfte, zarte und empfindsame Eigenart, ohne die Straffheit, die unser Orchester dank seiner Blasinstrumente, besonders seiner Blechbläser kennzeichnet. Bei den meisten Musikern, auch bei mir, trifft diese ‚verweichlichte' Musik auf Verachtung, was die Kommandanten beider Lager jedoch nicht daran hindert, eine ernste loyale Rivalität auf den musikalischen Plan zu rufen. Jeder lobt die Vorzüge seiner ‚eigenen' Lagerkapelle in den Himmel. Es kommt dadurch sogar zu einer Art Kulturaustausch: einen Sonntag geben wir ein Konzert im Frauenlager, den anderen spielt ihre Kapelle bei uns.

Schwer zu glauben ist, wie im übrigen alles hier, daß diese idyllische Konkurrenz sich zwei Monate nach der Landung der Alliierten in der Normandie abspielt; in dem Augenblick, in dem Paris befreit wird und sich die Ostfront mit Riesenschritten nähert! Es mehren sich die Zeichen, die das Ende des Dritten Reiches ankündigen, aber das Lagerleben geht seinen eigenen Gang weiter. Der Kommandant des Frauenlagers kommt mit einer besonderen Bitte zu uns: Einer unserer Kontrabassisten soll zweimal in der Woche einer Frau aus dem Lager Unterricht auf diesem Instrument geben. Es ist ihm gelungen, einen ausgezeichneten Kontrabaß zu „organisieren", auf dem aber keiner spielen kann. Das soll den Klang ‚seiner' Kapelle vorteilhaft verstärken. Nach langen Verhandlungen übernimmt Heinz Lewin diese Aufgabe, da er zur Zeit etwas weniger Arbeit mit den Uhren hat.

Die Musikerinnen wohnen in einem separaten Block, er ist mit einem kleinen Podium ausgestattet, auf dem Vokaldarbietungen, Solo- und Kammermusik-Konzerte stattfinden. Offiziell erhalten sie die doppelte Portion Suppe und Brotbeilagen. Neben ihrer rein musikalischen Tätigkeit sind sie mit keiner weiteren Arbeit belastet.

Die Dirigentin des Ensembles ist die ausgezeichnete Geigerin Alma Rosé, die besonders in Mitteleuropa bekannt ist. Sie ist die

Tochter von Alfred Rosé, dem Begründer und ersten Geiger des auf der ganzen Welt berühmten „Rosé-Quartetts". Man erzählte mir, sie sei eine gute Kollegin und habe wiederholt den Vorgesetzten die Stirn geboten, wenn es um Leben oder Gesundheit ihrer Kameradinnen ging. Sie hat viele vor dem Tod errettet, doch erkrankte sie am Ende selbst an Typhus, der brutal das Band ihres kurzen Lebens zerriß.

An einem der Bretterverschläge des Frauen-Musikblocks befestigte man Alma Rosés Dirigentenstab, mit einer Kokarde aus schwarzem Trauerflor geschmückt.

Ich schreibe meine Erinnerungen, keine wissenschaftliche Arbeit; ich erzähle, kommentiere - aber ich gebe kein Urteil ab. Das Hauptmotiv dieser Erinnerungen ist die Musik, sie ist natürlich mit dem Hintergrund, vor welchem sie erklang, verbunden. Daher einige Abschweifungen von überhaupt nicht mehr musikalischem Charakter. Eine davon betrifft meine strahlenden und nicht bitteren Erfahrungen mit nicht jüdischen Polen, und die Beziehungen, die ich mit einigen von ihnen anknüpfte.

Meine erste Begegnung mit den Polen, meinen Landsleuten, war nicht gut, um nicht zu sagen: sehr schlecht. Das Terrain war nicht einfach, das stimmt. Man lebte in einer Welt, in der deutsche Genies eine modernisierte Darwinsche Theorie erfanden, verkündeten und in das tägliche Leben einführten.

Die Gattung, welche wir grob gesagt ‚menschlich' nennen, umfaßt hier vier Spezies:

1. „Übermenschen" - also deutsche Arier, die den Führer lieben und gehorsam seinen Parolen und Befehlen folgen;

2. Menschen - Deutsche, Arier, welche anders denken und handeln, als es der Führer befiehlt;
3. Untermenschen - alle übrigen Arier;

und schließlich:

4. Ungeziefer, - Juden, Zigeuner und anderer Abschaum der zweibeinigen Gesellschaft.

Diese Unterteilung selbst ist keine Sensation. Aber eine Sensation ist vielleicht die Tatsache, daß sie angenommen wurde wie ein Glaubensbekenntnis, selbst durch die Häftlinge. Und nicht nur angenommen, sondern auch praktiziert. Die erste Kategorie hielt die übrigen drei für etwas Schlechteres, die zweite die beiden folgenden; die dritte die vierte, und die Juden selbst hielten sich für schlimmer als die Zigeuner und für die schlimmsten von allen. Es gab wohl in keinem Lager einen Juden, der zu glauben wagte, er wäre ein Mensch wie jeder andere. Das wäre reine Ketzerei gewesen.

Auf der anderen Seite, unabhängig von dieser von allen praktizierten Hierarchie und Absonderung, herrschte im Lager eine stille, spezifische Art von Ethik, die mit dem Ankunftsdatum in Birkenau, d.h. mit der Lagernummer, die am linken Unterarm eintätowiert und sich auf der Tresse der linken oberen Jackentasche wiederholte, verbunden war: eine niedrige Nummer bedeutete einen langen Aufenthalt im Lager, das Überstehen der ersten psychischen und physischen Schocks bedeutete „Seelenstärke", „Organisationstalent" - all das erweckte eine bestimmte Art von Anerkennung, nicht nur von seiten der ‚besseren' Kategorie der Häftlinge, auch von seiten der SS-Männer. Gefangene mit ‚frischen' Nummern nannte man verächtlich „Millionäre". So ein Millionär war auch ich im Juli 1942 mit der Nummer 49543. Nach zwei Jahren, als die Nummerierung 200 000 erreicht hatte, gehörte ich deshalb schon seit langem zur „Lagerprominenz“, allerdings zur jüdischen. Obwohl ich Jude war, hielt man von mir mehr als von so manchem arischen „Millionär“, und das keineswegs wegen meiner Stellung als Kapellmeister.

Als ich in Birkenau landete, waren mir diese Sitten unbekannt; ich kam dort an, belastet mit dem Aberglauben jener Welt, in der das Wort „Mensch“ etwas bedeutete. Instinktiv versuchte ich, mich der Gruppe der Polen anzuschließen und mit ihnen zu sprechen, ihnen meine mich quälenden Gedanken mitzuteilen. Als ich die polnische Sprache hörte, faßte ich Mut und sagte mir: „Mein Gott, Landsleute aus Polen, da wird es mir etwas leichter um die Seele sein, wir haben einen gemeinsamen Feind und haben die gleichen Träume; sie erzählen mir von Polen, ich ihnen von ‚Frankreich, Arm in Arm‘ und ähnliche Naivitäten...“

Ich wurde abgewiesen, als ob ich Lepra hätte. Ich war wie versteinert. Ich verstand nicht, woher diese willkürliche Feindschaft einem fremden Menschen gegenüber kam. Vieles habe ich damals nicht verstanden. Als ich zum ersten Mal, schon als Orchestermitglied, mit dem Kommando zur ‚Arbeit‘, die mich ‚frei‘ machen sollte, aus dem Lager ging, hörte der Aufseher, selber Pole, Häftling und Musiker wie ich, nicht auf, uns anzutreiben und zu ermahnen: „Arbeitet, Juden, arbeitet, ihr kommt sowieso nicht lebend hier raus!“ Das zur Ermutigung...

Nicht lange danach folgte eine andere charakteristische, aber auch lustige Episode. Es war nach dem morgendlichen Wecken. Ich saß auf der unteren Pritsche und zog mich in aller Eile an.

Da ruft jemand aus der oberen Pritsche: „Du, Felix, gib mir das Schuh!“ Gedankenlos, oder besser leichtsinnig rufe ich zurück – obwohl die Aufforderung nicht mir galt: „Das heißt den Schuh, nicht das Schuh!“ Mein „Fach“- aber nicht „Rassekollege“ kommt von der Pritsche herunter, gibt mir zwei Ohrfeigen und brüllt: „Du! Du schäbiger Jude, willst Du einem Polen mit der polnische Sprache lehren?“

An diesem Firmament von Haß und Verachtung erscheinen mir drei, wie von der Vorsehung gesandte Sterne erster Klasse in Gestalt von drei Polen. Sterne, die mir bis ans Grab scheinen werden. Ich schreibe „drei“, aber das heißt nicht, es könnte nicht mehr davon gegeben haben. Bestimmt waren es mehr. Aber das Schicksal wollte es, daß ich anderen nicht begegnet bin.

Von einem habe ich bereits geschrieben, zwar bestimmt nicht ausführlich genug, aber ich lebte mit ihm nur relativ kurz zusammen. Ich möchte an dieser Stelle noch zwei weitere lebenslange Freundschaften festhalten, die vor einem Hintergrund erblühten, der ihre Entstehung nicht begünstigte, sondern eher die Möglichkeit einer solchen Annäherung im Keim erstickte. Vielleicht traf ich darum in diesen zweieinhalb Jahren nur diese drei Polen, die mir ihr Vertrauen, ihre Zuneigung und Freundschaft schenkten.

Ludwik Żuk-Skarszewski, Tadeusz Jawor und Jan Stojakowski waren die drei ersten Polen in Birkenau, die mit mir wie mit ihresgleichen sprachen, von Mensch zu Mensch, von Pole zu Pole, Jude zu Jude. Nach meinen, und nicht nur meinen Erfahrungen, nach dem Sturz in den Abgrund, nach der von allen – auch von mir angenommenen Lagerhierachie – fühlte ich mich dank ihrer erneut als ein menschliches Wesen – allerdings in einem engen Kreise, doch dieser enge Kreis erschien mir – und das war er auch - riesengroß.

Tadeusz Jawor habe ich nach dem Krieg wiedergefunden - wie auch Żuk - dank des Zufalls, oder eigentlich dank einer Verknüpfung von Zufällen. Jawor wohnt heute in Sedzislaw (Wojewodschaft Jelenia Góra). Er ist Abonnent des Warschauer illustrierten Wochenblattes „Swiat" („Die Welt"). In dieser Wochenzeitung erschienen im Jahre 1962 meine Erinnerungen an den Maler Tadeusz Makowski, den ich sehr gut gekannt hatte, unter meinem Namen.*) Jawor glaubte zwar nicht, daß ich das wäre, aber er schrieb trotzdem an die Redaktion und fragte nach meiner Anschrift.

Diese Erinnerungen waren ursprünglich gar nicht für „Swiat" bestimmt gewesen. Ich schrieb sie auf Bitte der Kunsthistorikerin Wladyslawa Jaworska, Autorin einer Monographie, welche diesem Maler gewidmet war. Da sich aber die Veröffentlichung der ziemlich umfangreichen Monographie verzögerte und im November 1962 der dreißigste Todestag des Künstlers war, übersandte die Autorin meine Erinnerungen (über die musikalischen Vorlieben des Malers) an die Redaktion „Swiat" mit dem Vorschlag, den traurigen Jahrestag wenigstens auf diese Weise zu begehen. Das Werk von Frau Jaworska erschien im Jahr 1964 unter dem Titel „Tadeusz Makowski - Leben und Werk" beim Verlag des Institutes der Polnischen Kunst an der Akademie der Wissenschaften. Wäre dieses Werk im Jahre 1962 publiziert worden, hätte es keinen Artikel mit diesen Erinnerungen in der „Welt" gegeben, die Jawor hätte lesen können, und wir hätten uns vielleicht nie wiedergefunden.

*) *siehe Szymon Laks: Epizody...Emigramy...Epistoly. London (Oficyna Poetów i Malrzy) 1976. S. 147*

Von Jawors Erlebnissen erfuhr ich erst richtig aus der mit ihm begonnenen Korrespondenz. Im Lager verwandte man die Zeit zum Kampf ums Überleben, nicht für Vertraulichkeiten. So lohnt es sich vielleicht, ein paar Fragmente aus seinen Briefen heranzuziehen:

„Ich wurde zusammen mit anderen Kollegen aus der Eisenbahn-Werkstatt am 18. April 1941 verhaftet. Wir wurden wegen des Vertriebs der Broschüren ‚Polen lebt', die wir im Warschauer Untergrund gedruckt und verteilt hatten, verhaftet...

Meine Nummer in Auschwitz: 16.998. Während der ersten Monate arbeitete ich in einer Kiesgrube in der Nähe des Tores von Auschwitz I, später bei der Regulierung des Flusses Sola...

Als ich völlig erschöpft war, verschwollen und verletzt, setzte sich ein Bekannter aus Stary Sacz, der schon mit dem ersten Transport im Jahr 1940 nach Auschwitz gekommen war und im Brotmagazin arbeitete, für mich ein und sorgte für meine Versetzung als Posaunist ins Orchester. Er hatte gute Beziehungen zum Kapellmeister Franz Nierychlo, der gleichzeitig Küchenkapo war. Nierychlo war unter der Bedingung einverstanden, daß ich mir von zu Hause mein Instrument schicken ließ (als freier Mensch spielte ich im Eisenbahnerorchester und besaß eine eigene Posaune). Mit Vermittlung der Lagerverwaltung schrieb ich einen Brief nach Hause und die Posaune wurde mir zugeschickt.

Als Birkenau in Betrieb genommen wurde, überstellte man einen Teil des Orchesters dorthin. Auf diese Weise traf ich Dich im Lager und wir arbeiteten dort bis zur Evakuierung, das heißt bis zum 28. Oktober 1944. Später trafen wir einander kurz in Oranienburg, wohin ich mit meiner Posaune kam.

In Birkenau lag ich sieben Monate mit einer rheumatischen Gelenkentzündung. Ich entkam dem Tode im Krematorium dank der Bekannten, die dort in den Krankenhaus-Baracken als Pfleger arbeiteten. Wenn der Besuch der Gestapo oder des Lagerarztes angesagt war, brachten sie mich auf einer Tragbahre zum Block der Genesenden; nach dem Besuch stellten sie mir eine neue ‚Krankenkarte' aus und brachten mich zurück. Wie durch ein Wunder gelang es mir (sehr langsam), die Krankheit zu besiegen. Meine Beine waren lange Zeit sehr schwach. Bestimmt erinnerst Du Dich, daß ich, wenn wir Märsche spielten, allein vorausging, weil ich nicht marschieren konnte."

Und ob ich mich erinnere! Ich erinnere mich auch an viele andere Dinge. Jawor hatte ein großes malerisches Talent und der Zustand seiner Beine erlaubte nicht einmal die leichteste Arbeit außerhalb des Lagers. Das war zu der Zeit, als Danisch dem Orchester gegenüber weniger feindlich gesonnen war und es Jawor doch irgendwie gelungen war, die Erlaubnis zu erhalten, im Block zu bleiben und den Vorbau und den Musiksaal herzurichten und auszumalen. Ich erinnere mich auch an unsere langen Abendgespräche, manchmal lustig, öfter melancholisch, die unsere Freundschaft verdichteten. Ich habe oft gedacht: warum gibt es nicht mehr von diesen Menschen?

Als wir nach Oranienburg verlegt wurden, fuhren wir in verschiedenen Waggons. In Oranienburg angekommen, sahen wir uns flüchtig und unsere Wege trennten sich für achtzehn Jahre.

Mein dritter Stern, das war Jan Stojakowski. Lagernummer 577, einer der ersten Auschwitz-Polen. Er schloß sich den bereits früher erwähnten Josef Wasko und Czeslaw Kluczny an, um gemeinsam bei mir Englisch zu lernen. Die beiden blieben nach einiger Zeit weg, Stojakowski aber lernte bis zum Schluß weiter. Er war Aufseher des Lebensmittellagers, so daß meine Versorgung nicht nur nicht gelitten hat, sondern im Gegenteil bedeutend besser wurde. Janek schenkte mir Brot, Margarine, Marmelade, Wurst und die unschätzbaren Kartoffeln; dank ihm bekam ich aus der Küche einen zusätzlichen Kessel Suppe für das Orchester. Er teilte mir auch Nachrichten von der Front mit, die er irgendwo im Radio gehört hatte (damals glaubte ich, daß im Lager ein geheimer Untergrundempfänger existierte, aber später zeigte sich, daß diese Neuigkeiten von Häftlingen stammten, die in den Stuben der SS-Männer arbeiteten, bei ihnen hörte man oft Kriegsnachrichten und politische Meldungen). Von ihm erfuhr ich auch von dem Attentat auf Hitler am 20. Juli 1944.

Jan Stojakowski wurde am 2. November 1939 (!) wegen „sozialer und schulischer Tätigkeit" festgenommen. Vom Gefängnis in Tarnow deportierte man ihn nach Auschwitz I, und von hier wurde er im April 1942 zusammen mit einer Gruppe von zweiundfünfzig Häftlingen nach Birkenau überstellt. Im Laufe der Zeit schloß er sich einer kleinen Gruppe von Polen an, die Fluchtversuche organisierte und deren Mitglieder die Gelegenheit oft selbst nutzten. Es gab aber wenige Fluchtversuche, denn Schwierigkeiten und Risiken waren groß. Erst im Juli 1944 hatte Stojakowski Gelegenheit, sein Glück zu versuchen, aber der Versuch mißlang und wurde bis zum Oktober verschoben. Janek beschreibt dieses interessante Abenteuer in einem seiner Briefe:

„Kurt Reinhold war Oberkapo des Zimmerei-Kommandos. Seine Lieblinge waren Jozef Papuga (Nummer 12.049) und Kazimierz Andrysik (Nummer 89), deswegen hatten sie eine große Bewegungsfreiheit und kamen mit ihren Tischler- und Zimmereiarbeiten dorthin, wohin sie nur wollten. Diese Tatsache nutzte Papuga, und mit einigen seiner Vertrauten begann er, einen Bunker oder Unterschlupf zu ‚organisieren', der die Flucht aus dem

Bezirk B. III - er wurde allgemein ‚Mexico' genannt - ermöglichen sollte. Hier befand sich eine unbewohnte Baracke. Entlang einer Außenwand dieser Baracke erhob sich eine hohe Erdaufschüttung, entstanden durch den Bau eines Entwässerungskanals. So begann man damit, vom Innern der Baracke Bretter aus der Wand herauszuschneiden und in dem Erdwall einen Hohlraum auszuheben, der mehrere Personen faßte. Im Lager gab es die Vorschrift, daß die SS-Mannschaft nach der Flucht eines Häftlings drei Tage und Nächte auf der großen Postenkette Wache hielt. (Das Lager war durch zwei Postenketten, einer großen und einer kleinen, umgeben). Diese Zeit mußte man im rechtzeitig vorbereiteten Bunker verbringen.

In diese Sache wurde der ehemalige Offizier der polnischen Armee, Jan Dmochowski, Widerstandskämpfer und politischer Gefangener, eingeweiht. Er verlangte Papugas Einverständnis, daß er selbst, Dmochowski, die Leute für die erste Flucht bestimmen werde. Seine Wahl fiel auf die Brüder Dziegielewski, Henryk (Nummer 121.412) und Tadeusz (Nummer 121.413). Sie waren aber beide nicht genug vorbereitet und hielten es die drei Tage im Versteck nicht aus; sie verließen ihren Unterschlupf, bevor man die Nachtwache an der großen Postenkette aufhob. Die SS bemerkte sie, der ältere (Tadeusz) wurde gefangen, aber dem jüngeren ist die Flucht geglückt. Das war am 4. Juli 1944.

Der nächste nicht durchgeführte Fluchtversuch wurde für den 7. Juli festgelegt. Es sollten daran teilnehmen: Kazimierz Andrysik, Jozef Papuga, Stefan Szermiejowski, Jerzy Kupajczyk, Stefan Pralowski und ich. Als Pralowski mit Pfeffer und einer Flasche Essig (wegen der Hunde) zur leeren Baracke kam, bemerkte er, daß ihn zwei unbekannte Häftlinge beobachteten. Er ging also nicht in den Bunker, sondern benachrichtigte umgehend Papuga. Man entschied, die Flucht in dieser Situation abzusagen. Das geschah an dem Tage, als ich mich von Dir verabschiedete, aber - wie sich zeigen sollte - nur für kurze Zeit.

Meine geglückte Flucht fand erst am 18. Oktober statt, zehn Tage vor der ersten Teilevakuierung des Lagers. Meine Mitflüchtlinge waren Tadeusz Lach (Nummer 22.488) und Wladyslaw Pilat (Nummer 330). Damals verabschiedete ich mich zum zweiten und letzten Mal von Dir. Unser Fluchtweg führte diesmal nicht durch den Bunker. Wir trafen eine Verabredung mit einem LKW-Fahrer, der Barackenplatten mit Türlöchern darin wegtransportierte. Wir versteckten uns auf diesem LKW, zugedeckt mit Brettern und anderem Baumaterial; der Fahrer fuhr sofort los und als die Lagersirenen Alarm gaben, waren wir drei schon im Wald."

Ich erinnere mich an diesen sonnigen Julitag, als Janek mir seinen Fluchtplan anvertraute, in den kein Fremder eingeweiht war. Damals sagte er mir, wenn wir beide überleben sollten, könnte ich versuchen, ihn unter einer Adresse (an die ich mich nicht erinnere) in Nisko am San zu erreichen.

Durch Janeks Fortgehen war ich wieder ohne Mittel zum Leben, das heißt, ich war wieder auf die erbärmliche Lagerverpflegung angewiesen. Das aber war ohne Bedeutung, da zehn Tage später die Teilevakuierung von Birkenau erfolgte. Ich ging also mit einem ausreichenden Vorrat an Kalorien und Gesundheit los, mit dem mich Stojakowski während vieler Monate reichlich beschenkt hatte. Sie erlaubten mir, die letzte Lagerzeit durchzustehen, als ich vom Wohlstandsniveau wieder in die Tiefe von Armut und Erniedrigung zurückkehren mußte. Die Musik gehörte der grauen Vergangenheit an.

Ich kehrte aus der Gefangenschaft physisch erschöpft, moralisch betäubt, psychisch verletzt - aber lebendig - zurück.

Kurz nach meiner Rückkehr nach Paris schrieb ich ein paar Worte, die ich „An den sehr geehrten Herrn Jan Stojakowski, Nisko am San, Pologne“ adressierte. Nach langer Wanderung fiel mein Brief in die Hände des Adressaten.

Das liegt über dreißig Jahre zurück...

Unsere Korrespondenz aber, genau die wie mit Zuk und Jawor, hält bis heute an.

Bis zu der Zeit war der Krieg für uns ein abstrakter Begriff, er betraf uns nicht. Sicher, wir wußten, man schlug sich im Westen, die blutigen Kämpfe an der Ostfront dauerten an, daß sich die Deutschen überall zurückzogen, daß sich die Front erbarmungslos näherte. Aber dieses Näherkommen nahm kein Ende und schien sehr sehr weit entfernt in Zeit und Raum zu sein.

Und plötzlich ist es mit jedem Tag weniger weit, und die Zeichen dieses Näherkommens mehren sich ununterbrochen.

Die deutsche Armee braucht dringend Verstärkung und unsere SS-Leute sind gesunde Männer, und auch trinkfest und gut ernährt. Am Anfang waren es über zweitausend, doch im Laufe der Zeit verringerte sich ihre Zahl bis auf zweihundert. Für die Arbeit der SS-Männer wurden Letten und Ukrainer herangezogen, aber infolge zahlreicher Desertionen, ausgelöst durch die unvermeidlich näherkommende Katastrophe, ersetzte man sie durch betagte Männer des Volkssturms und pensionierte Polizeibeamte. Diese haben natürlich weder eine entsprechende Schulung noch die Mentalität von professionellen Gestapo- und SS-Männern. Und so vertrauen sie uns bei Gelegenheit offen an, daß sie nur die Uniform tragen.

Die Stimmung im Lager ändert sich und ist nicht wiederzuerkennen. Es folgte eine ziemliche Entspannung von Disziplin und

Terror, nicht nur faktisch, sondern auch offiziell. Es wurde eine unerhörte Anordnung eingeführt: die Gefangenen dürfen nicht geschlagen werden! Jede Leibesstrafe muß durch einen entsprechenden Rapport begründet werden.

Gleichzeitig mit der allgemeinen Situation verbessern sich auch allmählich die Existenzbedingungen der Häftlinge. So beginnt man, die Baracken mit frischem Wasser und Sanitäreinrichtungen zu versorgen, wie für den Empfang einer Kommission des Roten Kreuzes oder, wer weiß, für den Feind selbst. Die SS-Männer buhlen um die Gunst der Juden, entschuldigen sich und werfen ihre „Schuld" den Befehlshabern vor. Die, die seinerzeit die Gefangenen mit deutschen Uniformen versorgten, um ihnen die Flucht zu ermöglichen, kümmern sich jetzt um Zivilkleidung oder Drillich, um in der Zivilbevölkerung oder in der Masse der Häftlinge unterzutauchen. Die Fluchten sind zahlreicher als früher und enden öfter erfolgreich: es gibt nicht mehr genug Personal, um Verfolgungen zu organisieren. Die Beskidenkette, die von der Südseite des Lagers zu sehen ist, füllt sich mit Partisanen, deren Zahl sich ständig durch Flüchtlinge aus Auschwitz und umliegenden Lagern verstärkt. Die Lagerverwaltung erscheint machtlos.

Lagerführer Schwarzhuber ist seit etwa zwei Wochen abwesend. Angeblich ist er von der höchsten Instanz der Gestapo nach Berlin gerufen worden, man sagt sogar, von Himmler selbst. Uns erfaßt Unruhe. Ich erinnere mich an die Worte des „Rapportführers" Joachim Wolff: „Kein einziger Häftling soll lebend ein Konzentrationslager verlassen. Niemand wird der Welt erzählen können, was während dieser Jahre hier geschah."

An einem frühen Nachmittag sitze ich ruhig im Musiksaal und schreibe Noten, als mich plötzlich die Nachricht erreicht, daß die Kommandos heute früher zurückkehren und das Orchester sich wie immer auf das Podium stellen soll, um die traditionelle Marschmusik zu spielen. Ähnliche plötzliche Befehle und Widerrufe sind in der letzten Zeit an der Tagesordnung und wir hören auf, uns darüber zu wundern.

Alles ist normal, nur die Zeit ist ungewöhnlich. Die Kommandos marschieren in mäßigem Tempo und straffen Schrittes. Seit der Einführung der neuen Regelung erblickt man zwischen den Zurückkehrenden weder Leichen, die von Lebenden getragen werden, noch auch nur Hinkende.

Wir beenden gerade den letzten Marsch und schicken uns an, in den Block zurückzukehren, als uns ein SS-Mann das Zeichen gibt, stehen zu bleiben und zu warten. Im gleichen Moment erscheint die Gestalt des Kommandanten Schwarzhuber im Tor.

Wir glauben unseren Augen nicht zu trauen. Schwarzhuber ist nicht wiederzuerkennen. Uns nähert sich ein abgemagertes, schwankendes Wesen, das in nichts an die kriegerische Gestalt des Hauptsturmführers der SS erinnert, die wir so gut kennen. Er nähert sich unserem Podium und stolpert über nicht vorhandene Hindernisse. Er ist unverkennbar vollkommen besoffen. Ungeschickt reißt er mir den Dirigentenstab aus der Hand, stößt mich zur Seite und stellt sich unter Schwierigkeiten genau auf meinen Platz. Mit einer spöttischen Grimasse, die an Ekel grenzt, hebt er den Stab und stottert heraus: „Spielen Sie nun ‚Heimat, deine Sterne.‘“ Neben ihm steht eine Gruppe SS-Männer, die halb belustigt, halb entrüstet zuschaut. Die Musiker spielen wie immer und bringen das Stück nur deshalb sicher zu Ende, weil die den schneckenartigen Bewegungen meines Vertreters keine Aufmerksamkeit schenken.

Aber uns erwartet eine neue Überraschung. Der Kommandant, sichtlich verwirrt über die plötzlich eintretende Stille, wendet sich, den Stab noch immer in die Luft haltend, mit glasigen Augen an mich und fragt: „Könnt ihr mir ‚Die Internationale' spielen?" Ich habe keine Ahnung, was ich antworten soll, wir alle sind erschreckt. Sollen wir lachen über den ‚guten Witz'? Oder ganz normal „nein" sagen? Oder Schweigen bewahren?

Als erster gewinnt Weintraub die Fassung zurück. Er steht stramm: „Ich melde gehorsam, Herr Hauptsturmführer, wir können ‚Die Internationale' leider nicht spielen, da wir keine Noten haben."

„Und wieso habt ihr keine Noten?", drängt Schwarzhuber mit der für Betrunkene typischen Hartnäckigkeit. Und, die Antwort nicht abwartend, fügt er beinahe besänftigt hinzu: „Na, macht nichts, bald werdet ihr sie haben...", und immer noch unsicher auf den Beinen schwankt er dem Lagerinnern statt dem Tor zu.

Wir atmen erleichtert auf, obwohl uns Unruhe ergriffen hat: wieso ist der Kommandant in Richtung Appellplatz gegangen, wo sich gerade die Kommandos zum Abendappell aufstellen? Ist das die „normale" Säuferkopflosigkeit? Doch müssen wir uns beeilen. Wir sammeln unsere Sachen zusammen und ziehen uns zum Block zurück.

Der Appell findet unter Totenstille, aber genau nach Protokoll unter dem wachsamen Auge des Kommandanten statt: „Mützen ab! Mützen auf! Still gestanden! Achtung! Rührt Euch! – Abzählen, Rapport ablegen!", und so weiter und so fort. Aber wir warten umsonst auf den Erlösungsruf von Danisch: „Blöcke abrücken!" Statt dessen erfahren wir, daß der Herr Lagerführer uns etwas Wichtiges zu sagen hat.

Die Stimme des Kommandanten, obwohl normal weittragend, kann nicht das ganze Lager ausfüllen. Darum steht er vor jedem Kommando extra, um die gleiche Rede zu halten. Wir sind äußerst aufgeregt. Was so überaus Wichtiges hat uns der Kommandant zu sagen?

Endlich steht er auch vor unserem Block. Er hält sich immer noch unsicher auf den Beinen und drückt sich sehr mühevoll aus, obwohl er den Inhalt seiner Rede gut kennen muß, da er sie schon einige Male wiederholt hat. Man hat den Eindruck, daß ihn seine eigenen Worte in einen noch tieferen Rausch versetzen. Er stottert, wiederholt die gleichen Sätze, die gleichen Redewendungen, als ob er sich von etwas überzeugen wolle, was er selbst nicht glaubt.

„Häftlinge!" beginnt er feierlich, „Seid nicht bedrückt! Glaubt nicht den angeblich beunruhigenden Gerüchten, die von unverantwortlichen Individuen verbreitet werden, daß die Deutschen den Krieg verloren hätten. Macht Euch keine Gedanken über Luftangriffe oder Geschützdonner. Ihr seid von der Front viel zu weit entfernt, um zu wissen, wie die Lage wirklich aussieht. Die geniale Strategie unseres Führers veranlaßte ihn, den Feind tief ins Innere des Reiches zu locken, um bei ihm eine Euphorie zu wecken, die mit seinem Untergang enden muß! Wir werden ihn bis an den Fluß Bug vorrücken lassen und ihn dort aufhalten. Im Falle seines Angriffs setzen wir Giftgas ein. Häftlinge! Verliert nicht die Hoffnung! Haltet Euch an die Lagerdisziplin! Versucht nicht zu fliehen, man wird Euch ohnehin wieder fangen und streng bestrafen. Dagegen werden diejenigen von euch, die sich ordentlich verhalten, bald frei sein. Es lebe der Führer! Es lebe Deutschland!"

Der starke Beifall, den wir dem Schönredner zollen, zeugt davon, daß wir „die Hoffnung nicht verlieren..."

Aleksander Kulisiewicz, den ich bereits auf den ersten Seiten dieses Buches erwähnte und dem ich auch das Wiedersehen mit Ludwik Żuk verdanke, schrieb in der polnischen Zeitschrift „Medizinische Rundschau", Nummer 1 des Jahres 1977, einen langen Artikel mit dem Titel „Lieder und Musik als Faktor der psychischen Selbstverteidigung der Häftlinge in den Hitlerlagern".

Allein schon der Titel versetzte mich in Erstaunen. Kulisiewicz gründet seine Darlegungen auf Erfahrungen im Lager Sachsenhausen. Vielleicht war es dort anders als in Auschwitz, obwohl ich es für wenig wahrscheinlich halte. Kulisiewicz führt in seinem Artikel zwei sich widersprechende Themen an:

1. „Wenn die im Konzentrationslager Auschwitz von der täglichen Arbeit völlig erschöpften Häftlinge in der Marschkolonne wankten und schon von weitem das neben dem Tor spielende Orchester hörten, brachte es sie wieder auf die Beine. Es gab Mut und besondere Kräfte zum Durchhalten. Und dann konnte man aus der Melodie der verschiedenen Märsche, die zwar nach deutschem Muster unter wild skandiertem ‚links – links' gespielt wurden, deutlich hören, wie die Orchesterkollegen meisterhaft mit ihren Instrumenten zu uns sprachen; ein jeder in seiner musikalischen Landessprache. Sie verschickten improvisierte Grüße allein durch die Klangfarbe, eigenartige crescendi con agito (immer lauter und bewegt): ‚Haltet durch, Brüder! Alle kommen wir nicht um!' ‚Welch wunderbare Sprache dieser musikalischen Internationale!'" schreibt irgendein Kazimierz Gwizdka.

Und die von Kulisiewicz zitierte Ansicht von Jan Tacina:

„Die Lagerlieder der Polen sind eine Fundgrube des patriotischen wie des lyrischen Schaffens. Sie sind von so großem und besonderem emotionalen Ausdruck, daß es schwierig ist, dies mit einem anderen Liedgut in der gesamten Geschichte unserer musikalischen Kultur zu vergleichen. Aus der Tiefe der Erniedrigung war es ein gewaltiger Schrei des Protestes gegen die physische und psychische Hitlerbestialität; ein Ausdruck der Bitterkeit, des Hasses und der Rebellion und besonders des lebendigen, leidenschaftlichen Glaubens an die Bewahrung der Humanität."

Diese Prosa ist für mich fürchterlich, einmal abgesehen von dem musikalischen Dilettantismus der Autoren (crescendo con agito gibt es nicht und ist völlig sinnlos, was die „musikalische Internationale!" betrifft). Doch festzustellen, daß es „schwierig ist, den emotionalen Ausdruck mit einem anderen Liedgut in der gesamten Geschichte unserer musikalischen Kultur zu vergleichen", das grenzt an geschmacklose Unkenntnis unseres Liedgutes und unserer musikalischen Kultur. Außerdem war das Niveau der Lagerlieder so anspruchslos, um nicht zu sagen, so niedrig, daß der Vergleich des Niveaus unserer Leistung mit dem der Liedkunst eine letzte, wenn auch unbewußte, Beleidigung des letztgenannten ist.

Nun, sehen wir die zweite Seite der Medaille:

Kulisiewicz zitiert hier die Erinnerung der Romana Duraczowa:

2. „Wir kehren von der Arbeit zurück. Das Lager kommt immer näher. In Birkenau spielt das Lagerorchester schwungvolle Märsche, modische Foxtrotts. Wir kochen vor Wut. Wie sehr hassen wir diese Musik und diese Musikerinnen. Da sitzen sie, diese Püppchen, alle in marineblauen Kleidern mit schneeweißem Kragen – da sitzen sie auf ihren bequemen Stühlchen. Diese Musik soll uns anfeuern, soll uns mobilisieren wie das Signal einer kampflustigen Trompete, das sogar krepierende Gäule während der Schlacht wieder hochreißt."

Auf der gleichen Seite der Medaille finden wir auch ein Zitat aus Victor Frankls Buch ‚Der Psychologe im Konzentrationslager': „Die Musik, wie auch jede andere künstlerische Tätigkeit im Lager war grotesk; sie machte den Eindruck von Kunst nur durch den gespenstischen Kontrast zu dem Hintergrund, den die verzweifelte, menschliche Existenz bildete."

Was folgt daraus? Wie war es tatsächlich? Waren Musik und Lied im Lager Faktoren der ‚psychischen Selbstverteidigung der Häftlinge' oder nicht?

Es ist schwer, ein Urteil im Namen von Millionen von Menschen, die in die Konzentrationslager gerieten, dort starben oder mit dem Leben davonkamen, über diese Art von Problemen abzugeben. Schließlich waren die Anhänger dieser oder jener Theorie entweder Zeugen eines kleinen Teiles des KZ-Lebens während einer kurzen Zeit, oder sie beziehen sich auf Dokumente, die zurückgeblieben sind. Man muß auch in Betracht ziehen, daß die Musik, die in den Lagern erklang, nicht bei jedem die gleiche Wirkung hatte.

Ich persönlich glaube, daß die Musik einfach ein Bestandteil des Lagerlebens war und daß sie den Neuankömmling betäubte, wie ihn alles betäubte, womit er in den ersten Tagen im Lager in Berührung kam und woran er sich im Laufe der Zeit schrittweise ‚gewöhnte' – bis zu dem Augenblick der vollkommenen Akklimatisierung und Abgestumpftheit. Die Musik hielt den Geist, oder besser den Körper, aufrecht, aber nur bei den Musikern, denn die brauchten nicht zu schwerer Arbeit auszurücken und konnten sich besser ernähren.

In derselben „Medizinischen Rundschau" las ich noch eine ‚Blüte', entwachsen der Feder des Berufsmusikers Adam Kopycinski, dem Kapellmeister des Orchesters von Auschwitz I:

„Dank ihrer Macht und Suggestionskraft stärkte die Musik bei den zuhörenden Häftlingen das, was das Wichtigste ist: ihre wahre Natur (sic! – S.L., Anmerkung vom Autor). Vielleicht strebten deswegen viele intuitiv nach Schaffung eines gewissen Kultes für diese größte aller Künste (sic! – Anmerkung des Autors), die gerade unter den Lagerbedingungen Arznei für die kranke Psyche des

Gefangenen sein sollte und sicher dieses Ziel auch erreichte." Man kann nicht glauben, daß dieses pompöse ‚Gerede' aus dem Munde eines Berufsmusikers kommt, der dazu noch Häftling in einem echten Hitler-Konzentrationslager war, und dort ungefähr das gleiche sah, wie ich in Birkenau. „Sie stärkte die wahre Natur!", „Arznei für die kranke Psyche!". In Wirklichkeit zeigte sich die wahre Natur eines Häftlings, von wenigen Ausnahmen abgesehen, unter dem Einfluß von Hunger, Schlägen und Krankheit; und ein Medikament für seine „kranke Psyche" waren Ernährung und wirkliche Medikamente, nicht Musik!

Solche hochtrabenden und aufgeblasenen Worte zur Rolle der Musik in den Lagern bringt unnötige Verwirrung in eine Sache, die im Grunde genommen sehr einfach ist, wenn man sich ihr von der Seite der Lager-Realität nähert. Man sollte sich in erster Linie klarmachen, daß es in jedem Lager zwei verschiedene Kategorien von Häftlingen gab: die sogenannten Prominenten, also die Gutversorgten, und die Bettler, die von vornherein zu Hunger, schwerer Arbeit, Krankheit und Tod verurteilt waren.

Die Erstgenannten brauchten keine ‚Stärkung ihrer Natur'. Die hatten – außer der Freiheit – alles, was Leib und Seele begehrt und die Musik war für sie Unterhaltung und ein zusätzlicher Luxus, für den sie gut zahlten. Man muß auch bedenken, daß die in den Lagern gespielte Musik nicht gerade zu der ‚größten aller Künste' zählte, und daß sie sich absolut nicht für irgend einen „Kult" seitens der Zuhörer eignete.

Es war eigentlich ein ‚Musikchen', bestimmt für das Volk, und darin war nichts, was beim Zuhörer irgendeinen Aufschwung edlerer Natur entfachen konnte. Wenn es um die paar ausgesuchten „Stücke" ging, die wir im Repertoire hatten, so hörten diese fast ausschließlich deutsche Gefangene und SS-Männer.

Dagegen wirkte die Musik auf die Klasse der ‚Ärmsten' – wenn überhaupt – eher bedrückend und vertiefte noch den chronischen Zustand ihrer physischen und psychischen Entkräftung. Sicher, es umringte uns während der Sonntagskonzerte eine mehr oder weniger große Gruppe von Gaffern verschiedenster Provinienz und einigen von ihnen bereitete unser Spiel Vergnügen. Aber es war ein passives Vergnügen, ohne Anteilnahme, ohne Reaktion. Es gab auch einige, die uns Böses wünschten, fluchten und uns scheel ansahen, wie Eindringlinge, die ihr Schicksal nicht teilten. Aber auf jeden Fall habe ich n i e m a l s einen Häftling getroffen, dem unsere Musik Mut machte, ihn zum Überleben ermutigte. Die Parole der Hungernden war: essen, essen, essen!

Soviel zur ‚absoluten' Musik. Bleibt noch der Gesang und die Lagerlieder, in denen das lebendige Wort eine Rolle spielte, das geeigneter war, im Menschen Glauben und Tat anzuregen. Doch auch hier ist die Sache nicht so einfach. Unabhängig von dem, was ich selbst sah und hörte, holte ich Informationen bei meinen in aller Welt verstreut lebenden Freunden und Bekannten ein, ehemaligen Häftlingen der verschiedensten Konzentrationslager. Fast alle sind der Meinung, daß in den Lagern ausschließlich vulgäre, lokal spezifische oder einfach ordinäre Lieder entstanden, die wenig mit der Seelenstärke im Menschen zu tun hatten. Und die Lieder und Gesänge – die man als Zeichen der Widerstandsbewegung ansehen könnte – seien erst n a c h dem Kriege entstanden.

Es ist unangenehm, Legenden zu zerstören. Aber noch unangenehmer ist es zu lesen, daß „gerade unter den Lagerbedingungen" die Musik ein Medikament für die kranke Psyche des Häftlings war. Denn das ist nicht wahr!

Albert Haemmerle ist nicht mehr unter uns. Eines schönen Tages verschwand er spurlos. Wahrscheinlich wurde er an die Front geschickt. Im Lager werden die deutschen Häftlinge jüngeren und mittleren Alters immer weniger. Alle, die fähig sind eine Waffe zu tragen, sind fortgegangen, um das Vaterland zu verteidigen.

Anstelle des strengen Albert wurde uns ein anderer Blockführer, ein älterer Deutscher, der sich Joseph Hoffmann nennt, beschert. Er ist ein gutmütiger, dümmlicher, immer lächelnder Bayer, dabei ganz harmlos. Er teilt uns alle ihn erreichenden Nachrichten mit und die schlimmsten von ihnen kommentiert er fast mit Begeisterung, hält sie für die Vorboten des sicheren deutschen Sieges. Offenbar war er davon angetan, wie der Kommandant gesprochen hatte.

Hoffmann munkelt ständig von einer neuen, sensationellen deutschen Wunderwaffe, die bald die Feinde des Führers vernichten werde. Er verkündet uns auch, daß bald alle Häftlinge gegen deutsche Kriegsgefangene ausgetauscht würden, im Verhältnis zwei Häftlinge gegen einen Kriegsgefangenen. An einem anderen Tag erfahren wir, daß an den letzten Transportzug mit Juden, der in Birkenau einlief, zwei Waggons, vollgestopft mit Handschellen, angehängt waren. Die seien natürlich für uns bestimmt. Jeweils mehrere von uns würden aneinandergefesselt. Bald begänne die Evakuierung des Lagers, natürlich zu Fuß, und man müsse Möglichkeiten zur Flucht verhindern.

Es ist unmöglich, sich zurechtzufinden in dieser sich einander widersprechenden Flut von Nachrichten. Man weiß nicht, was man glauben soll. Wir leben in einer Atmosphäre fieberhafter Unruhe um unser Schicksal, das Schicksal aller Insassen von Birkenau. Und dann, eben in dem Augenblick, als die ‚Evakuierung des Lagers' in aller Munde ist, trifft uns erneut ein Blitz aus heiterem Himmel:

Nach langen friedvollen Tagen, die den Stop der weiteren Lieferung von „Fleisch" für das Krematorium anzukündigen schienen, entlädt eine neue Reihe von Zügen auf dem Auschwitzer Bahnhof immer neue Massen von Opfern, die ein Raub der Flammen werden. Woher kommen sie? Es schien, als wäre das ganze besetzte Europa bereits judenfrei, mit Ausnahme der wenigen Gestrandeten, denen es gelang, ein sicheres Versteck zu finden.

Es stellt sich heraus, daß diese Menschenmengen von anderen Lagern, die zu nah am Kriegsgeschehen lagen, umgesiedelt wurden. Doch diesmal sind es wirklich die letzten Neuankömmlinge, und ich bin der erste, der - indirekt - davon erfährt. Sie befehlen uns, uns herauszuputzen und uns mit unseren Instrumenten in Fünferreihen zum Ausmarsch aus dem Lager aufzustellen. Sechs bewaffnete SS-Männer begleiten uns. Wir gehen zu einem der Krematorien, doch nicht in die Gaskammer, es wäre schade um die Instrumente. Wir gehen dorthin, um diejenigen zu unterhalten, die die anderen vergasen.

Die Mitglieder des Sonderkommandos haben schwer geschuftet, große Verdienste für das Dritte Reich erworben und jetzt steht ihnen eine Belohnung zu, so wie dem Verurteilten seine letzte Zigarette: Das Sonderkommando hat das Seine getan, das Sonderkommando darf abrücken. Und kann es ein angenehmeres Abrücken geben als zu Klängen der Musik? Für Deutsche nicht. Daher kam die Verwaltung auf die Idee des ‚Sonder'-Konzertes für das ‚Sonder'-Kommando.

Mitten im Krematoriumslager stellt man einige Reihen mit Bänken auf, die für die Musiker bestimmt sind. Pulte gibt es nicht, wir werden auswendig spielen; wir sind übrigens als kleine Gruppe gekommen. Auf ein Zeichen der SS-Männer setzen wir uns und bereiten die Instrumente vor. Wir spielen für Menschen, die bald verbrannt werden, man weiß nur nicht durch wen. Vielleicht durch die Musiker? Die Lagerleitung zieht die Musiker auch zu vielen nicht-musikalischen Arbeiten heran.

Das Konzert dauert fast zwei Stunden. Wir spielen unter anderem einige jüdische Melodien, diejenigen, die Unterscharführer Bischop so liebte. In den Pausen zwischen den Stücken nutzen wir die Zerstreutheit unserer Wächter, um ein paar Worte mit den Verurteilten auszutauschen. Manche geben uns Aufträge, Namen, Anschriften, die wir höchstwahrscheinlich nie werden verwenden können. Doch wir notieren alles im Gedächtnis - was schadet es?

Nach der Musikdarbietung überreichen uns die Mitglieder des Sonderkommandos einige Geschenke. „Nehmt, vielleicht könnt ihr das brauchen."

Nach einigen Tagen erreicht uns die grausige Nachricht, daß auf dem Gelände, auf dem die Krematorien stehen, ein Aufstand ausgebrochen ist. Durch geheime Kanäle erfahren wir, daß die SS das Personal aller vier Krematorien liquidieren solle. Insgesamt sechshundert Personen! Die entscheiden, sich nicht zu ergeben.

Wegen eines nie aufgeklärten Fehlers kam es nicht zu einer Verständigung zwischen den vier Mannschaften, und nur zwei davon, die erste und die dritte, konnten zur Tat schreiten. Die Häftlinge sprengten das dritte Krematorium in die Luft, durchschnitten den Stacheldrat und flüchteten. Die alarmierte SS-Wache erschoß die beiden anderen Mannschaften, ohne nur einen am Leben zu lassen. Dann wurde eine Verfolgung organisiert. Alle Häftlinge wurden wieder eingefangen und erschossen.

Das geschah am 7. Oktober 1944, drei Wochen vor der Evakuierung, elf Tage vor der Flucht Jan Stojakowskis. Wer weiß, vielleicht trug diese Rebellion zu seiner erfolgreichen Flucht bei.

Im Lager herrscht eine merkwürdige, fast ominöse Ruhe. Der Blockführer Joseph Hoffmann ist unsere einzige Verbindung zur Außenwelt. Wir werden überschüttet mit einem regelrechten Hagel von Nachrichten und deren Widerrufungen, in denen man die Wirklichkeit nicht mehr erkennen kann. Außer den Morgen- und Abendmärschen haben die Musiker fast nichts mehr zu tun, und jeder vertreibt die Zeit auf seine Weise. Wir haben aufgehört, Hoffmanns Mitteilungen ernst zu nehmen, nach denen das Lager evakuiert werden soll, morgen, übermorgen, in einer Woche, in zwei Wochen; oder auch mit allen Häftlingen vernichtet und dem Erdboden gleichgemacht, damit die Russen nicht ahnen könnten, was hier geschah. Als Krönung in diesem Meer von guten und bösen Nachrichten: das Orchester soll sich auf den Weg machen, die Instrumente müssen also geputzt und bereitgehalten werden. Man kann verrückt werden.

Wir haben keinen Schnaps, also versuchen wir in der Musik Vergessen zu finden. Dafür eignet sich am besten ein Streichquartett, das Orchester ist zu laut, um sich zu konzentrieren oder vergessen zu können. Zu der Zeit, als wir von den Tschechen das Violoncello geerbt haben, habe ich aus Mangel an geeigneten Stücken ein eigenes vierteiliges Werk für dieses Ensemble komponiert, das heißt, eigentlich habe ich es aus dem Gedächtnis rekonstruiert. Wir haben daran gearbeitet, so gut es die Umstände zuließen.

Ich nehme die von mir eigenhändig geschriebenen Stimmen aus meinem Notenstapel, und wir setzen uns an die Pulte. Irgendwie spielen wir mit sonderbarer Konzentration, ganz unterschiedlich zu jener Stimmung, in der wir uns in vergangenen Zeiten in sorgloser Freiheit befanden. Vertieft in eine möglichst korrekte Interpretation spielen wir glücklich die beiden ersten Teile.

Plötzlich kommt ein uns unbekannter SS-Mann in unsere Stube. Offensichtlich irgendein neuer, da nicht mehr so jung. Wir reißen uns hoch, auf die Beine, ich rufe „Achtung!“. Wir stehen stramm. „Weitermachen“, sagt unser unerwünschter Gast mild.

Wir setzen uns wieder, spielen weiter, den dritten Teil, den vierten, bis zum Schluß. Der SS-Mann fragt: „Was war das? Wer hat das komponiert?" Ich bin überrascht, eine solche Frage hatte ich nicht erwartet. Daß ich selbst der Autor bin, darf ich nicht sagen. In Panik durchwühle ich mein enzyklopädisches Gedächtnis und mir kommt die Idee, den Namen eines österreichischen Musikers zu nennen, den in Deutschland wohl kaum jemand kennt. Ich stehe stramm und antworte: „Das ist ein Violinquartett des Komponisten Karl Ditters von Dittersdorf." „Ein ausgezeichnetes Quartett. Man erkennt sofort die deutsche Musik." Dann geht er. „Uff!"

Durch die Scheiben sehen wir Hoffmann umherlaufen, so als ob er jemanden suche. Er ist wohl Bote einiger weiterer Neuigkeiten. Es ist schwer zu glauben, daß sich in der Lawine von Sensationen, die uns seit Wochen überrennt, sich keine als wahr erweisen soll.

Hoffmann stürzt herein, schweißgebadet, und verkündet mit triumphierender Stimme die neueste Sensation: „Und? Habe ich es nicht gesagt? Die Hälfte des Lagers geht auf den Transport! Auch das Orchester, aber ohne Instrumente. Ich weiß das vom Blockführer selbst!"

Wenn es wahr ist, verheißt es nichts Gutes. ‚Ohne Instrumente' - das bedeutet, wir versinken wieder in den Abgrund des Elends. Bald bestätigen sich Hoffmanns Worte. Ein Teil des Lagers wird evakuiert. Welcher Teil? Wohin? Niemand weiß es.

Man schickt uns zur Desinfektion und Entlausung, man nimmt uns auch Kleidung und Unterwäsche. Dafür erhalten wir saubere Lumpen. Wir sehen aus wie die letzten Bettler. Ich lasse noch einmal meinen traurigen Blick durch unseren schönen Musiksaal schweifen. Ich verabschiede mich von unseren Instrumenten, die in vorbildlicher Ordnung neben einem Stapel von beschriebenen Notenblättern aufgereiht sind, von dem Tisch, an dem ich ungefährdet so viele Tage, Wochen, Monate gesessen habe. Ich schäme mich es zu sagen - aber ich verlasse Birkenau mit Bedauern...

Umringt von mit Maschinenpistolen bewaffneten SS-Männern lenken wir unsere Schritte mit der Menge der anderen ‚Auschwitzer' in Richtung Bahnhof, desselben, an dem ich vor ziemlich genau zweieinhalb Jahren ankam. Unterwegs begegnen wir einer kleinen Gruppe Offiziere, unter ihnen erkenne ich den Lagerführer Schwarzhuber. Auch er erkennt uns, als wir im Vorübergehen die Mützen zum Abschied abnehmen. Er wendet sich zum Rest der Offiziere, zeigt mit einem tiefen Seufzer, in dem Stolz und Trauer zu fühlen sind, auf uns: „Meine schöne Kapelle!"

Coda

An dieser Stelle könnte ich den Bericht über die „Musik in Auschwitz“ beenden, denn mehr gab es nicht. Ich denke aber, man sollte ihn mit einigen Einzelheiten ergänzen, mit persönlichen wie historischen, denn die einen sind mit den anderen verbunden.

Die gleichen Viehwaggons wie am Anfang bringen uns nach Oranienburg-Sachsenhausen, wo wir nur kurz verbleiben. Dort stirbt Leon Weintraub, dort verabschiede ich mich von Tadeusz Jawor und fast allen meinen Kameraden, die mit mir Freud und Leid teilten. (Erst nach der Befreiung erfuhr ich, daß Heinz Lewin nach Mauthausen deportiert wurde und dort starb). Wir wurden in verschiedene Lager verstreut, die sich weiter westlich befanden. Ich kam in eine Gruppe, die für Dachau bestimmt war, oder eigentlich für eines der umliegenden Unterlager, die alle den gleichen Namen trugen: „Kaufering“. Meines trug die Nummer elf.

Wir kamen dort im November an. Der Winter setzte früh und heftig ein. Wir nisteten uns in unterirdische ‚Baräckchen‘ ein, nur Dach und Dachgeschoß ragten über den Boden heraus. Jeden Tag gingen wir noch in der Morgendämmerung zu Fuß von unserem Kaufering zum zwei Kilometer entfernten Sammelplatz. Dort versammelten sich zur gleichen Zeit alle „Kauferinger“.

Unsere Arbeit bestand in der Fertigstellung des Baues einer unterirdischen Fabrik; ich wußte nicht,was dort hergestellt werden sollte. Vielleicht Flugzeuge, vielleicht Waffen und Munition. Das war ein streng gehütetes Geheimnis, das dadurch leichter bewahrt werden konnte, daß wir zum unterirdischen Teil der Fabrik keinen Zugang hatten. Genau wie unsere kleine Baracke erhob sie sich einen halben Kilometer in Form eines langgezogenen halben Eies, oder besser, wie ein aus dem Meer schauender Walrücken, aus dem Erdboden. Ein reines Monstrum. Auf dem Rücken dieses gepanzerten Wales huschten Bahnwagen hin und her, beladen mit Rohstoffen: Stangen, Balken, Ziegeln, Steinen, Zahnrädern, Werkzeugen, Kalk und Sand. Um die Waggons zu beladen, mußte man zunächst das ganze Material von unten auf den Rücken des Monstrums transportieren. Das machte man allein oder zu zweit, was die Aufgabe übrigens auch nicht erleichterte. Das Tragen des Materials über eine ebene Fläche kostete schon viel Kraft. Und hier mußte man nun damit hinaufklettern, über diese steilen, rutschigen Abhänge, ohne Halt für Hand oder Fuß. Bei schlechtem Wetter, Regen, Frost oder Schneesturm - sechs unendliche Monate lang. Ich könnte mich mit der Bezeichnung „schrecklich“ für diese letzten sechs Monate meiner Gefangenschaft zufrieden geben, aber es war in Wahrheit etwas anderes, das zu beschreiben ich lasse - und so ist es besser.

Am 28. April 1945 befahl die Lagerkommandantur allen „Kauferingern“ ein allgemeines Antreten. Das war drei Tage, nachdem sich die Alliierten mit der Sowjetarmee an Elbe und Ostsee verbündet hatten, zwei Tage vor Hitlers Selbstmord.

Nach üblicher Tradition hielt der Kommandant, ich erinnere mich nicht an seinen Namen, eine feierliche Rede, die Predigt und Unterweisung zugleich war:

„Häftlinge! Wir müssen heute dieses Lager verlassen, obwohl die Fabrik, an deren Aufbau ihr so aktiv und auch produktiv teilgenommen habt, noch nicht fertig ist. Ihr werdet ausgetauscht gegen die deutschen Gefangenen, die sich bei unseren Feinden in Gefangenschaft befinden. Erinnert euch daran, daß ihr hier alle menschlich behandelt wurdet, nach den in aller Welt geltenden Vorschriften, und das sollt ihr überall verkünden, wohin euch das Schicksal auch führt. Ich danke euch und wünsche euch eine gute Reise."

Ein wenig Wahrheit steckte schon in dieser Rede: wir wurden in Kaufering nicht geschlagen und das Essen, obwohl nicht ausreichend, war viel besser als in Birkenau. Das läßt sich vielleicht dadurch erklären, daß wir durch ältere Soldaten bewacht wurden, die nie SS-Männer waren, und immerhin war es schon der Anfang vom Ende...

Wir rückten geschlossen in einer Kolonne aus, natürlich zu Fuß, zusammen mit dem Wachpersonal. Wir marschierten drei lange Tage. Wir schliefen unter freiem Himmel, einmal in einem an der Straße liegenden Wäldchen oder schutzlos im strömenden Regen. Und endlich, am vierten Tag, zur Morgendämmerung erwachten wir - FREI!

Keine Spur mehr vom Wachpersonal. Wir sahen uns in der Gegend um, es zeigte sich, daß wir in der Nähe des kleinen Lagers Buchberg waren. Dort quartierten wir uns ‚selbstverwaltend' ein, machten Ausflüge in das Städtchen, um uns Lebensmittel zu besorgen und warteten auf die kommenden Ereignisse.

Am 3. Mai - noch ein historisches Datum - kamen die Amerikaner. Der erste, den ich sah, gab mir eine Packung Zigaretten und sagte ganz einfach: „Hitler is dead. How are you? OK?"

Am 18. Mai war ich schon in Paris. Nach ein paar Tagen unendlicher Formalitäten (ich mußte die französischen Behörden überzeugen, daß ich wirklich ich bin) und nach dem Empfangszeremoniell zu Ehren der ausgelaugten Heimkehrer, hatte ich plötzlich Lust, ins Kino zu gehen. Ich erinnere mich nicht mehr, was es für ein Film war, aber mir blieb ein Bild der „Wochenschau" im Gedächtnis. Ich sah nämlich auf der Leinwand ein in die Luft gesprengtes Gewühl aus Eisen, Feuer und Rauch, gleichzeitig hörte ich eine Reihe ohrenbetäubender Explosionen, die den Hagel der fliegenden und fallenden Bruchstücke, Blöcke, Einzelteile, wie beim Ausbruch eines gefährlichen Vulkans, begleiteten.

Der Kommentar lautete: „Am Tage... sprengte die amerikanische Armee die deutsche unterirdische Waffenfabrik bei Kaufering, in der Nähe des Lagers Dachau."

Das war „meine" Fabrik! „Mein" Wall! Meine letzte Etappe! Mir war merkwürdig zumute. Meine ganze Arbeit umsonst!

Paris, Januar – Juni 1978

Nachwort von Andreas Knapp

Daß die Dinge geschehen, ist nichts.
Daß sie gewußt werden, ist alles.

(Egon Friedell: Kulturgeschichte der Neuzeit, 1927)

„Ich bewahre Dokumente für eine Zeit, die sie
nicht mehr fassen wird oder so weit vom Heute lebt,
daß sie sagen wird, ich sei ein Fälscher gewesen.“

(Karl Kraus: Die letzten Tage der Menschheit, 1926)

Die Lektüre von Szymon Laks' Erzählung erweckt die unheimlich anmutende Vorstellung, daß Auschwitz nicht nur eine tägliche Hölle mit Tod, Blut, Schmerz und Agonie war, sondern auch ein Ort der Freude und des Lebens. Doch dieser Eindruck ist eine grausame Täuschung. Dreiviertel der Menschen, die in Auschwitz-Birkenau nach tagelangen Zugfahrten ankamen, wurden umgehend innerhalb weniger Stunden in die Gaskammern geschickt.[1] Szymon Laks hat die Selektionen überstanden und das nationalsozialistische Konzentrationslagersystem überlebt. Seine Autobiographie ist daher auch so etwas wie eine Erfolgsgeschichte.

Um überhaupt überleben zu können, mußten bestimmte Realitäten ignoriert werden. Szymon Laks bezeichnete das Überleben des Konzentrationslagers als eine Aneinanderreihung von Wundern, deren letztes die Befreiung war. Wunder in einer Welt, die er als „Negativ" bezeichnete, in dem Werte um 180 Grad verdreht waren, humanitäres Handeln und Selbstwertgefühl zum Vergehen wurde. Szymon Laks erzählt vom erfolgreichen Ende seines Weges durch die Hölle auf Erden, und er berichtet mit zwiespältigen Gefühlen. Er beschreibt seinen Egoismus und das Grundprinzip der „Lagergemeinschaft": Egozentrische Solidarität ohne Altruismus. Ein Beispiel hierfür ist die Episode über die Notenpulte und das Cello, die das Lagerorchester eines Tages erhielt. Für Trauer über die Opfer blieb keine Zeit, und eine Ablehnung dieser Erbschaft hätte den eigenen Tod zur Folge gehabt. Statt dessen erzählt Szymon Laks von seiner Freude über das Cello, das so dringend benötigt wurde. Durch den unmittelbar nach Eintreffen ins Lager einsetzenden eigenen Überlebenskampf zu längerem Nachdenken nicht in der Lage, hatte Trauer über diesen Verlust keinen Raum. Überleben war die Devise, um jeden Preis. Szymon Laks läßt seinen Lesern keine Zeit, bei den Opfern zu verweilen, sondern hält sie in der Anspannung des Lageralltags. „Berliner Luft" ertönt schmissig, ein Geiger spielt im Freien Etüden, und am Abend erklingt durch die geschlossenen Fenster Jazz-Musik, auf dem Akkordeon gespielt. Und alles im Konzentrationslager Auschwitz-Birkenau. Deportierte Musiker ließen sich ihre Instrumente nachschicken oder schrieben Postkarten nach Hause, in denen sie ihren Angehörigen mitteilten, sie könnten in ihrem Beruf arbeiten. Und alles entsprach der Wahrheit. Der Berliner Jazz-Musiker Coco Schumann erzählt in seiner Autobiographie Der *Ghetto-Swinger* [2] seine Erfahrungen als Musiker im Auschwitz, und auch er überlebte, weil Musizieren ihm ermöglichte, SS-Leuten die Zeit zu vertreiben, in dem er „La Paloma" für sie spielte. Musik war ein fester Bestandteil des Alltags in den Konzentrationslagern des Nationalsozialismus und hatte nicht zuletzt für die SS-Leute einen hohen Stellenwert. Eine

Äußerung aus dem Auschwitz-Prozeß, der von 1963 bis 1965 in Frankfurt am Main stattfand, macht dies vielleicht besonders deutlich. Josef Klehr, angeklagt der Tötung von Häftlingen durch die Injektion von Phenol, wehrte sich gegen die Anklage mit den Worten: „Wie denn, sechzehntausend Mann soll ich abgespritzt haben? Wo doch das ganze Lager nur sechzehntausend Häftlinge zählte in Auschwitz I? Dann wäre ja nur noch der Musikzug übriggeblieben.“ [3] Woran das Herz hängt, das wird erst ganz zum Schluß geopfert: der Musikzug. Die Mitglieder des Lagerorchesters wurden offensichtlich gar nicht mehr zu den Häftlinge hinzugezählt. Oder anders formuliert: Die Mitglieder einer Lagerkapelle waren in den Augen der Wachmannschaften nützlich. Musikkapellen oder kleinere Ensembles wurden mit Wissen oder auch auf Befehl der Lagerleitung in Hauptlagern (Stammlager Auschwitz, Auschwitz-Monowitz, Dachau, Mittelbau-Dora, Groß-Rosen, Mauthausen, Natzweiler, Neuengamme, Janowska), Außenkommandos (Blechhammer, Ebensee, Falkensee, Fürstengrube, Gleiwitz I, Golleschau, Gusen, Jawischowitz, Trawniki) und den Vernichtungslagern (Auschwitz-Birkenau, Belzec, Majdanek, Sobibor, Treblinka) gegründet, und gehörten in der Regel zum Prestige der Lagerkommandanten, die - Szymon Laks berichtet dies vom Lagerkommandanten Schwarzhuber - ihren Orchestern sogar nachweinten. Im August 1942 erließ das Reichsicherheitshauptamt gar eine Anordnung zur Gründung von Lagerkapellen in allen Hauptlagern [4]. Zu den Funktionen der Orchester zählte das Aufspielen beim Aus- und Einmarsch der Arbeitskommandos, um mit Marschmusik den Tritt der Kolonnen in Ordnung zu halten. Die Kapellen mußten allerdings auch spielen, wenn Häftlinge exekutiert oder bestraft wurden, bei repräsentativen Anlässen für die Lagerkommandanten oder teilweise auch in den Sommermonaten, wo Konzerte für Häftlinge stattfanden, bei denen auch

SS-Wachen zuhörten. [5] August 1942, das war die Zeit, in der im New Yorker Madison Square Garden bereits Massenversammlungen stattfanden, in denen gegen die Tatenlosigkeit der amerikanischen Regierung gegenüber der Ermordung der europäischen Juden protestiert wurde, und in denen Gerhard Riegner, der Vertreter des Jüdischen Weltkongresses in Genf von dem deutschen Industriellen Eduard Schulte die Nachricht empfing, daß die Vernichtung der europäischen Juden durch Vergasung in speziellen Vernichtungslagern angeordnet worden war [6]. August 1942, das war die Zeit, in der ein damals vierzehnjähriger Ludwig Harig als „Jungmann“ in der „Lehrerbildungsanstalt Idstein im Taunus“ ausgebildet wurde, erstmals von der „Endlösung“ hörte und von „Judenverarbeitungs- und Verbrennungsfabriken“, in denen aus Haut Lampenschirme gemacht und aus Kadavern Schwimmseife hergestellt würde. [7] Inmitten dieser Gerüchte, die längst Wahrheiten waren, wurden Musikkapellen gegründet, Märsche komponiert oder von Häftlingen aus dem Gedächtnis rekonstruiert auf Bestellung derjeniger, die sie tags darauf in die Gaskammern schickten. Szymon Laks erzählt vom griechischen Flötisten, der, während eines Konzertes vertieft in ein Solo, nicht bemerkte, daß hinter ihm seine Tochter auf einem Lkw in die Gaskammer gefahren wurde. Coco Schumann berichtet von einem Kollegen der sah, daß seine Frau und seine fünf Kinder abtransportiert wurden. Er spielte weiter. Zwei Autobiographien von Musikern in Auschwitz, mit ähnlichen Geschichten, die zeigen, welch eine verdichtete Welt Auschwitz war. Heute liegt eine große Zahl von Autobiographien der Menschen vor, die diese Grausamkeiten überlebten, und zum Teil bald nach der Befreiung, zum Teil auch erst in den letzten Jahren, ihre Lebensgeschichte verfaßt haben.

Verglichen mit den Tagebüchern aus den Ghettos, heimlich verfaßten Aufzeichnungen aus den Konzentrationslagern oder Briefen dieser Zeit, haben Autobiographien über die Zeit in den Konzentrationslagern einen anderen Charakter. Tagebücher aus den Ghettos sind nicht in wohl formulierter Prosa, sondern oftmals, unter unvorstellbaren Bedingungen geschrieben, im Telegrammstil verfaßt. Wieder im August 1942 formulierte Oskar Rosenfeld in einem privaten Tagebuch im Ghetto Lodz: „Sterben bei der Arbeit. Menschen schwach und krank, gehen, aus Angst ihre Arbeiterration zu verlieren, ins Ressort. Fallen dort inmitten der schweren Arbeit (Bäckerei, Tischlerei, Metalle, Holz) um, kommen nicht mehr nach Hause. Manchen Tag bis zu fünf Menschen. Aussiedlung nach Warschau geht angeblich weiter.“ [8] Oder Irene Hauser, deren erst 1990 entdecktes Tagebuch in der gleichen Zeit entstand. Der Kampf um Essen, das tägliche Überleben im Ghetto prägt die Sprache: „2 Stunden um Wurst angestanden. Noch immer kein Fett bekommen. Menschen verzweifeln all schon. Wir sind schon ausgetrocknet. Leo hat Bubi schlechtes rohes Mehl mit bisserl Zucker gegeben, und jetzt ist ihm so schlecht davon. [...] Ich kämpfe auf Leben und Tod. Ich ertrage das schwerste Leid, das einem Menschen zustoßen kann im Ghetto.“ [9] Wie anders liest sich die Schilderung in einer geschichtswissenschaftlichen Publikation: „Die Ghettojuden kämpften mit letzter Kraft um ihr Leben. Halb verhungerte Bettler rissen Einkaufenden ihre karge Ration aus den Händen. Bei der andauernden Unterernährung waren viele Ghettobewohner bald nicht mehr imstande, ihr Brot normal zu verdauen. Herz, Nieren, Leber und Milz schrumpften, das Gewicht ging zurück, die Haut verdorrte.“ [10] Eine Beschreibung aus zeitlicher Distanz, aus einer Position, die bereits einen Blick auf die Dimension der Verbrechen des Holocaust werfen konnte. Autobiographien, wie sie Szymon Laks geschrieben hat, sind durch ihren zeitlichen Abstand zu den beschriebenen Erlebnissen unweigerlich mit der Veränderung des Gedächtnisapparates konfrontiert. Das unmittelbar geschriebene Erlebnis bietet einen holzschnittartigen Blick aus einem präzisen, jedoch eingeschränkten Horizont. Das spätere Aufschreiben eigener Erlebnisse geschieht zwar auf Basis größeren Wissens, doch beeinflußt von der permanenten Veränderung der Erinnerung. Hier unterliegen Autoren einem Dilemma, dem sie nicht entweichen können: Der Verantwortung gegenüber der Vergangenheit, und der Veränderung ihrer eigenen Erinnerung. Vor diesem Problem standen schon die Richter des Frankfurter „Auschwitz-Prozesses", den Szymon Laks in *Musik in Auschwitz* erwähnt. In der Urteilsbegründung äußerte sich Senatspräsident Hofmeyer 1965 entsprechend: „Es ist eine Erfahrung der Kriminologie, daß Zeugenaussagen nicht zu den besten Beweismitteln gehören. Dies umso mehr, wenn sich die Aussage der Zeitzeugen auf Vorfälle bezieht, die vor zwanzig Jahren oder mehr unter unsäglichem Leid und Qualen von den Zeugen beobachtet worden sind. Selbst der ideale Zeuge, der nur die reine Wahrheit sagen will und der sich bemüht, sein Gedächtnis zu erforschen, ist nach zwanzig Jahren manchen Erinnerungslücken unterworfen. Er gerät in die Gefahr, Dinge, die er tatsächlich erlebt hat, auf andere Personen zu projizieren, und Dinge, die ihm von anderen in diesem Milieu sehr drastisch erzählt wurden, als eigene Erlebnisse aufzufassen. Auf diesem Weg aber gerät er in die Gefahr, Zeit und Ort seiner Erlebnisse zu verwechseln." [11] Der Leser autobiographischer Texte wiederum steht nach George Steiner gleichfalls in dieser „Verantwortlichkeit": „Die authentische Erfahrung des Verstehens, wenn wir von einem anderen Menschen oder einem Gedicht angesprochen werden, ist eine von antwortbietender Verantwortlichkeit. Wir sind dem Text gegenüber, dem Kunstwerk, der musikalischen Darbietung gegenüber verantwortlich, und zwar in einem ganz besonderen Sinn, nämlich zugleich moralisch, geistig und psychologisch." [12] Als Leser sind wir somit nicht befugt, über den Wahrheitsgehalt einer Autobiographie zu richten, sondern sie als „authentische Geschichte" zu respektieren. Vielleicht mit der Einschränkung: Eine Geschichte, wie sie der Autor während des Schreibens in seiner Erinnerung wieder erlebte. Und diese ist höchst flexibel. Eine andere Seite des Dilemmas, die permanente Veränderung von Erinnerungen, beschäftigte schon Maurice Halbwachs, der selbst in einem nationalsozialistischen Konzentrationslager ermordet wurde. In einem Aufsatz über *Das Vergessen durch Loslösung von einer Gruppe* stellte er fest: „Tatsächlich kann von dem Augenblick an, in dem sich die [Mitglieder einer] Gruppe getrennt haben, keine[r] von ihnen den gesamten Inhalt des ehemaligen Denkens [der Gruppe] wiedergeben. Wenn nur zwei Mitglieder dieser Gruppe von neuem miteinander in Verbindung treten, fehlt ihnen zum gegenseitigen Verständnis und zum gegenseitigen Bestätigen der Erinnerung an die gemeinsam gelebte Vergangenheit die Fähigkeit, die Schranken zu vergessen, die sie gegenwärtig trennen. Ein Mißverständnis lastet auf ihnen wie auf zwei Menschen, die sich wiederfinden und die gleichsam nicht mehr dieselbe Sprache sprechen." [13] Die empirische Gedächtnisforschung hat mittlerweile herausgefunden, daß nicht eine Fähigkeit zur Überwindung von Erinnerungschranken im menschlichen Gedächtnisapparat fehlt, sondern eine Veränderung der Erinnerung durch die Art und Weise der Organisation des Gedächtnisses stattfindet. Im Gehirn werden Erlebnisse, also neue Informationen, ähnlich bearbeitet, wie Bibliothekare mit neuen Büchern umgehen: Zuerst kommen sie ins Regal der „Neuerscheinungen", einem chronologischen Kriterium folgend. Später werden sie dann nach Sachgebieten kontextorientiert archiviert. Was künftig für das Gedächtnis und den Umgang mit dem Vergangenen von großer Wichtigkeit sein wird, ist die *Bedeutung* von Erinnerungen, nicht deren *Wahrhaftigkeit*. Angesichts der Ereignisse in den Konzentrationslagern zunächst eine vielleicht bedrückende Erkenntnis. Und doch: Dem Umgang mit dem „Mythenmacher“ (Kotre) muß die Aufmerksamkeit zuteil werden. Erinnerung ist bereits nach kurzem Abstand zur Erfahrungen nicht mehr gewissenhaft. Szymon Laks stellt bereits in der Ouvertüre die Frage, wem Unstimmigkeiten in der gemeinsamen Erinnerung angelastet werden sollten? Und vor allem bei Erlebnissen, die zu Erzählen sich die Sprache verwehrt. Er schildert selbst mehrere Momente, in denen sein Gedächtnis ihm einen Streich gespielt hat oder Szenen, die er nicht beschreiben will, weil dafür keine Worte gefunden werden können, oder die schon vielfach anderswo ausführlich beschrieben wurden. In seiner zweiten, in polnischer Sprache geschriebenen Version, hat Szymon Laks darauf Wert gelegt, daß sie durch neue Zeugnisse und Dokumente, die er im Laufe der Zeit erhielt, zwar in der Substanz gleich geblieben ist, jedoch andere Perspektiven erhielt, nicht zuletzt, weil er sich mit zunehmendem Abstand zum Erlebten eine „höhere Dosis an Objektivität“ zuspricht. Das ist bezüglich des menschlichen Erinnerungsvermögens von immenser Wichtigkeit. Ab einem bestimmten Zeitpunkt kann nicht mehr unterschieden werden, *wann* eine Erinnerung aufgenommen wurde. Und was noch wichtiger ist im Hinblick auf eine Rekonstruktion der Geschehnisse des Holocaust: Nach einer gewissen Zeit kann auch nicht mehr mit Sicherheit unterschieden werden, ob die Informationen des Gedächtnisses auf eigenen Erlebnissen oder zugetragenen Geschichten basieren. Das Gedächtnis erinnert *was* erfahren wurde, doch woher die Information kommt, kann nicht mehr rekonstruiert werden. Dieses Phänomen wird in der Psychologie mit dem Begriff der „Kryptomnesie“ bezeichnet, was soviel bedeutet wie „verborgene Erinnerung. [14] Wie schnell der Prozeß des Vergessens eintritt, zeigt am deutlichsten – und das ist auch hinsichtlich des Musikers Szymon Laks von Bedeutung – das Beispiel Musik, und zwar wegen des direkten Zusammenhangs mit dem Hören. Hören, das erste Sinnvermögen des Menschen: Nach wenigen Wochen schon kann ein Fötus im Mutterleib Stimmen erkennen, kann später Melodien wiedererkennen, die ihm im Mutterleib „bekannt" gemacht wurden. [15] Außerdem rufen Texte Geräusche oder Gerüche in uns hervor, Gedanken, die in unserem Inneren erklingen. Der französische Dichter Alain Robbe-Grillet bemerkte einmal, daß in seinem Roman *La Jalousie* eine unbeschreibliche Welt voller Geräusche vorkommt, und er sich wunderte, „daß man so wenig über die Rolle des Hörens in diesem Roman gesprochen hat." [16] Bestimmte Instrumente oder Klangsequenzen haben repräsentativen Charakter, das heißt: Sie sind unmittelbar mit einem gesellschaftlich geprägten Erinnerungsvermögen verbunden. Fanfaren verkünden seit Jahrhunderten das Eintreffen von Herrschern, eine Sequenz aus Mendelssohn-Bartholdys *Ein Mittsommernachtstraum* ruft unweigerlich Hochzeitsbilder wach, im Dritten Satz seiner Sechsten Sinfonie komponierte Beethoven ein Gewitter, Modest Mussorgski komponierte nach dem Besuch einer Ausstellung seinen Musikzyklus *Bilder einer Ausstellung*, die Sinfonien von Shostakovitch sind allesamt Ausdruck erlebter Geschichte [17], und Richard Strauss hat mit der musikalischen Erzählung der Streiche des Till Eulenspiegel das vielleicht amüsanteste Werk musikalischer Erzählung geschaffen. Verdi's *Va pensiero, sull'ali dorate*, wurde zur Hymne der italienischen Einigungsbewegung, welche 1849 nicht nur diesen Chor verwendete, den Verdi den nach Babylon verbannten, sich nach der Heimat sehnenden Juden in den Mund legte. Dieser *Chor der Gefangenen* soll gar den Namen des Komponisten VERDI zur Parole für die Bewegung: V-E-R-D-I Vittorio Emanuele Re D'Italia gemacht haben. [18] (Bezeichnenderweise für das hier behandelte Thema ist dieses Beispiel betreffend allerdings 1996 eine Studie über Verdi und die Epoche des Risorgimento erschienen, die diesem Mythos entgegentritt und behauptet, diese „Erinnerung“ sei im Nachhinein in Verdis Biographie und die Oper hinein projiziert worden. Auch hier: Die „wahre Geschichte“ als Zankapfel. [19]), oder der Frankfurter Komponist Heiner Goebbels, der die vom Autor direkt eingeforderte „Musik zum Roman“ von Alain Robbe-Grillet *La Jalousie* schrieb. Doch auch hier gilt: Erst die Umsetzung der Schrift in Klang, die musikalische Aufführung im Opern- oder Konzerthaus oder das Pfeifen der Parole auf der Straße ermöglicht die Rezeption. Solange die Partitur zugeklappt bleibt, ist die Komposition tot. Nach dem Hören eines Musikstückes kann die Erfahrung nur aus dem Gedächtnis „bearbeitet“ werden. Musik hören bedeutet hierbei Zeiterfahrung. Vor einer Sequenz von Tönen zu verharren ist nicht derart möglich, wie das beim Betrachten einer Skulptur, einer Malerei oder einem Text möglich ist. Selbst die Partitur ist nicht der geeignete Ersatz. Das „Verharren“ muß daher im Gedächtnis stattfinden. Hören ist die einzige Form der sinnlichen Wahrnehmung, die nicht gesteuert werden kann. Ohren können nicht ohne äußere mechanische Hilfe geschlossen werden, wie das mit dem Mund, den Augen oder selbst der Nase möglich ist. Wie entsteht überhaupt auditive Information, oder einfach *Klang*? „Bevor ein Ton überhaupt erklingt, muß er sich bilden: der Ton der schwingenden Saite, die angeschlagen, gestrichen, oder gezupft wird; die Schwingung der Luftsäule im Blasinstrument. Einschwingungsvorgang nennt es die Physik. Die Einschwingungszeit differiert je nach Instrument, Tonhöhe und Intensität des Musikers. So kompliziert sind schon die Voraussetzungen für Musik“.[20] Und dann – Bruchteile von Sekunden später – beginnt erst das Hören, das ebenfalls physikalische Voraussetzungen braucht sowie: die Voraussetzung des *Zu*-hörens. Wer einmal in einem großen Konzertsaal in der letzten Reihe saß, hat diese Beobachtung vielleicht schon gemacht: Der Pauker schlägt auf das Fell - und der Klang erreicht das Ohr, wenn der Paukenschlägel bereits hoch in der Luft ist: Vielleicht kein Erlebnis ist dramatischer wie das Zusammentreffen der Jetztzeit des Sehens und der Vergangenheit des Jetzt-Hörens: Wissend, daß auf der Bühne bereits andere Dinge geschehen, die sichtbar sind, erreicht die Botschaft, hier der Klang, das Ohr erst später. Mit dieser Spannung verbringt der Zuhörer das Konzert, und seine Fähigkeit zur Gewöhnung macht diese Spannung erträglich. Klang und Zeit sind Verbündete, denen das menschliche Wahrnehmungsvermögen ausgeliefert ist - und die anschließend das Gedächtnis beschäftigen. Der Komponist, Dirigent und Pianist Hans Zender führte in seinem Aufsatz *Orientierung* den Umgang der Kompositionstechniken des 20. Jahrhunderts mit diesem Phänomen aus: In der zeitgenössischen Musik des 20. Jahrhunderts wurde die Stille wiederentdeckt. Das Gedächtnis des Zuhörers wurde in die Komposition integriert. Durch das „aktive Hören", eigentlich eher ein „aktives Erinnern", wurde das Werk erst vollständig - „Stille Zeit" wurde geschaffen. Beginnend mit Anton Webern entstanden „verschiedene Wege für den Musiker, in jenen Bereich einzutreten, in dem nicht nur der Klang schweigt, sondern auch die Zeit stillzustehen scheint. In den ausgeprägten Stillen der Werke Weberns, Boulez`, Nonos, Lachenmanns scheint die erklungene Musik unhörbar weiter zu schweigen und das Bewußtsein des konzentrierten Hörers zu bannen. [...] Die Stille läßt das Vergessen ein. Je länger sie dauert, um so mehr deformiert sie den Abdruck des Gehörten im Gedächtnis, bis es nur noch als unscharfer Durchschnittswert weiterlebt. Das bedeutet auf der einen Seite eine Destruktion der musikalischen Struktur, auf der anderen aber eine Erneuerung der hörenden Aufmerksamkeit, ja die Chance, an solchen Stellen wieder die gleiche ursprüngliche Offenheit des Hörens zu gewinnen, die man sonst nur am Anfang eines musikalischen Prozesses hat - dann, wenn das Bewußtsein noch leer von Information ist. In der Sprache der Physik wäre die Stille das Mittel gegen die Entropie; das erschöpfte, dem Ende zueilende System reinigt sich und lädt sich neu auf". [21] Ein spannender Gedanke: Die Stille läßt das Vergessen ein und deformiert den Abdruck des Gehörten im Gedächtnis zum unscharfen Durchschnittswert. Die Stille, das ist auch die Zeit nach einem Erlebnis, auch das Erlebte wird somit im Gedächtnis zum deformierten Abdruck, zum unscharfen Durchschnittswert. Der Rückkehrschluß ist nicht weniger spannend, birgt er doch womöglich eine Erklärung für ein Schweigen nach einem traumatisierenden Erlebnis: Das Gedächtnis *braucht* die Stille, um das Erlebte zu sortieren, verfügbar zu machen, um in einem langen Prozeß die Worte zu finden, die eine Schilderung ermöglichen. Ein Schockzustand muß überwunden werden. Was hier sehr mathematisch oder medizinisch klingen mag, könnten Prozesse sein, die auch auf Bilder von Erinnerungen prägenden Einfluß haben, und damit von politischer Bedeutung sind. Der Formulierung „unscharfer Durchschnittswert" sollte nähere Aufmerksamkeit gewidmet werden, erfolgt hierdurch möglicherweise eine Annäherung an die Bedeutung des Wahrheitsgehaltes einer Schilderung, der „Urgeschichte" der Aussage. Was bleibt zurück an Erinnerung eines gehörten Werkes, eines Erlebnisses, welche Aussage kann im Rückblick darüber getroffen werden? Eine Frage, der sich auch Thomas Mann im *Zauberberg* widmete, als er Settembrini im Gespräch mit Castorp und Joachim auf dessen Ausführungen über die sinngebende Wirkung der Einteilung von Klängen in einen Zeitablauf antworten läßt: „Bravo, Leutnant! Sie bezeichnen sehr gut ein unzweifelhaft sittliches Moment im Wesen der Musik, nämlich dieses, daß sie dem Zeitablaufe durch eine ganze eigentümliche lebensvolle Messung Wachheit, Geist und Kostbarkeit verleiht. Die Musik weckt die Zeit, sie weckt uns zum feinsten Genusse der Zeit, sie weckt... insofern ist sie sittlich. Die Kunst ist sittlich, sofern sie weckt. Aber wie, wenn sie das Gegenteil tut? Wenn sie betäubt, einschläfert, der Aktivität und dem Fortschritt entgegenarbeitet? Auch das kann die Musik, auch auf die Wirkung der Opiate versteht sie sich aus dem Grunde. Eine teuflische Wirkung, meine Herren! Das Opiat ist vom Teufel, denn es schafft Dumpfsinn, Beharrung, Untätigkeit, knechtischen Stillstand... Es ist etwas Bedenkliches um die Musik, meine Herren. Ich bleibe dabei, daß sie zweideutigen Wesens ist. Ich gehe nicht zu weit, wenn ich sie für politisch verdächtig erkläre." [22] Sind Literatur und Geschichtsschreibung nicht auch, wie jegliche Form der Archivierung, der Kunst, eine rückwirkende Zeiteinteilung? Und ist Musik tatsächlich politisch verdächtig? Im nationalsozialistischen Deutschland war Musik politisch verdächtig, wurde Musik politisiert. Richard Wagner in Bayreuth [23] oder die nationalsozialistischen Konzentrationslager sind Beispiele für diese Instrumentierung von Musik, und Szymon Laks' Autobiographie ist ein eindrückliches Zeugnis für diese Perversion des Nationalsozialismus. Die SS befahl Häftlingen, Musik aus Deutschland oder auch amerikanische Jazz-Musik aus dem Kopf zu rekonstruieren. Märsche, Polkas, Unterhaltungsmusik wie „La Paloma". Und selbst dies wurde zur Möglichkeit des Überlebens. Indem Szymon Laks die Orchesterstimmen rhythmisch derart kompliziert arrangierte, daß der Orchesterleiter sie nicht dirigieren konnte, machte er sich unentbehrlich. Und doch: Vielleicht kein Beispiel von Szymon Laks' Erzählung ist unglaublicher als die über Pery Broad, der später auch Angeklagter des Frankfurter Auschwitz-Prozesses sein sollte. Ein absoluter Jazz-Freak, der ohne Zögern eine gewichtige Rolle bei der Ermordung Tausender von Menschen übernahm, kam am Abend sogar mit seinem eigenen Akkordeon in die Baracke, weil ihm die Instrumente des Lagerorchesters zu schlecht waren, und musizierte mit den Häftlingen. Er ließ sich sogar von einem Häftling des Lagerorchesters sein Akkordeon umbauen, um eine zusätzliche Klangfarbe zur Verfügung zu haben. Szymon Laks' Autobiographie wird hier für die Leserschaft zum direkten Beispiel für die Veränderung von Erinnerung nach dem Hinzukommen einer neuen Information: Beim nächsten Hören des Marsches „Berliner Luft“ werden sich den Lesern neue Bilder hinzugesellen, neue Konnotationen aus der Welt der Konzentrationslager. Doch selbst die Perversion kannte im Konzentrationslager Steigerungen: Musik wurde auch als Belohnung für geleistete „Arbeit“ dargeboten. Für die Häftlinge des *Sonderkommandos* wurde ein Sonderkonzert gegeben, für ihre Verdienste zur Vernichtung von Menschen. Allerdings, und da hat die zeitgeschichtliche Forschung eine Aufgabe: In den Interviews, die Gideon Greif mit den Überlebenden führte, wurden diese Konzerte bislang nicht erwähnt. Obgleich in den Erzählungen der Überlebenden des Sonderkommandos Musik durchaus eine Rolle spielt. Jaacov Gabai berichtet davon, daß er auf dem Lagergelände gesungen hat, auf dem Weg zur „Arbeit“ ins Krematorium, und seine Frau, die im Frauenlager war, ihn hörte, nach ihm rief, und sie daraufhin Kontakt aufnehmen konnten.[24] Von einem Konzert berichtet er allerdings nicht. Vielleicht war dies ein Konzert für ein Sonderkommando eines anderen Krematoriums, vielleicht sind sämtliche Mitglieder ermordet worden? Vielleicht hat niemand später danach gefragt?

Zu Szymon Laks [25]

1994 fand in Lemgo, angeregt durch Teda Welmer, die Deutsche Erstaufführung der *Sinfonie für Streicher* von Szymon Laks statt. Die Schauspielerin Witta Pohl las Textpassagen aus *Musik in Auschwitz*, Lieder von Szymon Laks wurden gesungen. Das Motto der Veranstaltung: *Die Geige war mein Schild.* Ein Gedenkabend für Szymon Laks, an dem der Musiker und Schriftsteller geehrt wurde. In diesem Programm stand die Autobiographie im Mittelpunkt, die Musik war der Rahmen. In gewisser Weise spiegelt dieser Abend unbeabsichtigt das Mißverständnis, dem das künstlerische Schaffen Szymon Laks' leicht ausgesetzt ist: Als eine Kunst des Holocaust bezeichnet und einsortiert zu werden. Zwar existiert noch Notenmaterial Szymon Laks' aus der Zeit seiner Gefangenschaft, doch er hat sich nie selbst darum gekümmert.

Der größte Teil seines künstlerischen Werkes entstand nach 1945, ist also keine „Lagermusik" oder Musik aus dem Konzentrationslager", sondern Musik, die oftmals noch auf ihre erste Aufführung oder Einspielung auf einen Tonträger wartet.

Szymon Laks wurde am 1.11.1901 in Warzawa (Warschau) geboren, wo er das Tadeusz Czacki-Gymnasium besuchte. Anschließend studierte er vier Semester Mathematik an den Universitäten in Wilna und Warschau. 1921 begann er in Warschau auf dem Konservatorium bei Piotr Rytel Harmonielehre und Komposition bei Roman Statkowski. Seine erstes öffentlich aufgeführtes Stück war die Sinfonische Dichtung *Farys*, die verschollen ist, wie fast das gesamte Kompositionswerk der Zeit vor dem Holocaust. Nachdem Szymon Laks 1926 Polen verlassen hatte, ging er, mit einem Abstecher nach Wien, nach Paris, um dort am *Conservatoire National* bei Pierre Vidal Komposition, und bei Henri Rabaud Dirigieren zu studieren, und begann schon damals auch mit dem Schreiben.

Szymon Laks war einer der ersten Mitglieder der *Association des jeunes musiciens polonaise á Paris*, die 1926 gegründet worden war. 1928 wurde seine Komposition *Blues Symphonique*, auch sie verschollen, mit dem Kompositionspreis der *Association* ausgezeichnet, und er etablierte sich mit seiner Musik in den Pariser Konzertprogrammen.

1941 wurde Szymon Laks von französischen Behörden in Paris verhaftet, und in ein französisches Internierungslager bei Orléans gebracht, von wo er im Juli 1942 nach Auschwitz-Birkenau deportiert wurde. Am 18. Mai 1945 kehrte er nach einem vierjährigen Leidensweg nach Paris zurück, wo er sich erneut niederließ. 1948 verfaßte er erstmals mit seinem Mitgefangenen aus Auschwitz-Birkenau René Coudy seine Überlebensgeschichte des Konzentrationslagers *Musique d'un autre monde.* (Dieses Buch wurde später zur Vorlage für eine zweite Version, die Szymon Laks im Jahr 1978 in polnischer Sprache unter dem Titel *Gry oswiecimskie* verfaßte, und die beim polnischen Verlag *Oficyna Poetów i Malarzy* 1979 in London erschien, anschießend, 1989, in Englisch von Northwestern University Press in Evanston, Illinois und dem Titel *Musik of another world* publiziert wurde, sowie 1991 von der Edition du CERF Paris unter dem Titel *Melodie d'Auschwitz* in französischer Sprache herausgegeben wurde. Die hier vorliegenden Erinnerungen *Musik in Auschwitz* basieren auf der zweiten, polnischen Version.)

Anschließend widmete sich Szymon Laks wieder hauptsächlich der Musik. 1949 wurden zwei seiner Kompositionen prämiert, zum Beispiel erhielt die *Ballade pour Piano* beim Chopin-Wettbewerb in Warschau den zweiten Preis. Szymon Laks schuf interessante kammermusikalische Werke u.a. für Streichquartette oder

Cello und Klavier, komponierte Lieder in polnischer, jiddischer und französischer Sprache, eine Sinfonie für Streicher, und nicht zuletzt die Oper *L'hirondelle attendue* (1965). Zu seinem eigenen musikalischen Schaffen äußerte Szymon Laks sich einmal: „Wenn ich meine Musik unter dem Aspekt betrachten sollte, was sich tradieren wird, denke ich, daß mich meine Instrumentalwerke nicht überdauern werden. Im Gegenteil schreibe ich meinen Liedern, und ich habe eine nicht geringe Zahl davon geschrieben, eine berechtigte Hoffnung zur Präsenz zu, wenn nicht international, dann zumindest in Polen."[26]

Seit Anfang der Siebziger Jahre begann Szymon Laks auch als Schriftsteller und Übersetzer zu arbeiten. Neben der Musik interessierten ihn fortan sprachwissenschaftliche, soziale und politische Fragen. Er veröffentlichte mehrere Bücher, die - in polnischer Sprache - in London erschienen. Die *Bibliotheque Polonaise* de Paris verfügt über einen Nachlaß von Briefen und anderen Dokumenten, die für eine noch zu schreibende Biographie über Szymon Laks von großem Interesse sind.

Dank

Der Unermüdlichkeit von Teda Wellmer ist die deutschsprachige Ausgabe von *Gry Oswiecimskie* zu verdanken. Sie organisierte die Übersetzung durch Mirka und Karlheinz Machel und deren erste Betreuung von Erika Wagener-Köhler, Dr. Antoni Buchner sowie Dr. Heinz Schultz, und sorgte dafür, daß ein fast druckfertiges Manuskript nach vielen Wegen eines Tages beim Fritz Bauer Institut in Frankfurt am Main ankam, und dort die Idee einer Veröffentlichung Unterstützung erhielt.

André Laks, Sohn von Szymon Laks, hat einen unverzichtbaren Anteil an den Nacharbeiten zur deutschsprachigen Herausgabe geleistet, und dadurch das Unternehmen realisierbar gemacht, hat Unterlagen zur Verfügung gestellt und wichtige Ratschläge gegeben.

Besonderer Dank gilt Dr. Guido Fackler von der Universität Regensburg, der wichtige Hinweise zur Geschichte der Musik in den Konzentrationslagern gegeben hat, und in dessen gerade fertiggestellter Dissertation wichtige Neuigkeiten über Orchester in Konzentrationslagern zu erwarten sind.

Anmerkungen

[1] Gideon Greif (Hg.): Sie weinten tränenlos.... Augenzeugenberichte der jüdischen „Sonderkommandos" in Auschwitz. Köln, 1995. S. XXIII.

[2] Coco Schuhmann: Der Ghetto-Swinger. München, 1997.

[3] Bernd Naumann: Auschwitz. Bericht über die Strafsache gegen Mulka u.a. vor dem Schwurgericht Frankfurt. Frankfurt, 1968. S. 129.

[4] vgl. Guido Fackler: Musik im Konzentrationslager. In: Informationen. Hrg. v. Studienkreis: Deutscher Widerstand. Nr. 41, April 1995, 20. Jg. S. 25-33.

[5] ebd.

[6] Walter Laquer: Was niemand wissen wollte. Die Unterdrückung der Nachrichten über Hitlers „Endlösung". Frankfurt am Main, 1982. S. 99; vgl. auch: Walter Laqueur/Richard Breitmann: Der Mann der das Schweigen brach. Wie die Welt vom Holocaust erfuhr. Frankfurt am Main, 1986.

[7] Ludwig Harig: Wehe dem der aus der Reihe tanzt. München, 1990. S. 203 f.

[8] Oskar Rosenfeld: Wozu noch Welt. Aufzeichnungen aus dem Ghetto Lodz. Hg. v. Hanno Loewy. Frankfurt am Main, 1994. S. 142.

[9] „Nicht einmal zum Sterben habe ich Protektion..." Tagebuch von Irene Hauser aus dem Ghetto Lodz, 15. Juni bis 8. September 1942. Frankfurt am Main, 1992. S. 6.

[10] Raul Hilberg: Die Vernichtung der europäischen Juden. Frankfurt am Main, 1992. S. 281.

[11] Bernd Naumann: Auschwitz. Bericht über die Strafsache gegen Mulka u.a. vor dem Schwurgericht Frankfurt. Frankfurt am Main, 1968. S. 276.

[12] George Steiner: Von realer Gegenwart. Hat unser Sprechen Inhalt?. München, 1990. S. 20.

[13] Maurice Halbwachs: Das kollektive Gedächtnis. Frankfurt am Main, 1985. S. 13.

[14] vgl. hierzu auch: John Kotre: Weisse Handschuhe. Wie das Gedächtnis Lebensgeschichten schreibt. München, 1996. S.156.

[15] ebd., S. 156.

[16] Alain Robbe-Grillet, zitiert nach dem Textbuch CD: Ensemble Modern: Heiner Goebbels: La Jalousie: Red Run: Herakles 2: Befreiung. München, 1993.

[17] Zum Beispiel äußerte sich Shostakovitch über seine Musik folgendermaßen: „Die meisten meiner Symphonien sind Grabdenkmäler.[...] Ich würde gern für jeden Umgekommenen ein Stück schreiben. Doch das ist unmöglich. Darum widme ich ihnen allen meine gesamte Musik.“; Solomon Volkov (Hg.): Die Memoiren des Dimitri Shostakovitch. München, 1989. S. 175.

[18] Weltgeschichte der Musik. Hg. v. Kurt Honolka u.a.. München, 1976. S. 436 f.

[19] Birgit Pauls: Guiseppe Verdi und das Risorgimento. Ein politischer Mythos im Prozeß der Nationenbildung. Berlin, 1996.

[20] Wolfgang Schreiber: „Zeit haben für die Musik“. In: Süddeutsche Zeitung Nr. 189 v. 17./18. August 1996. S. 14.

[21] Hans Zender: „Orientierungen“. In: Dress.: Happy New Ears. Das Abenteuer, Musik zu hören. Freiburg 1991. S. 55-78.

[22] Thomas Mann: Der Zauberberg. Berlin, 1964. S. 105.

[23] vgl. hierzu: Friedlind Wagner: Nacht über Bayreuth. Köln, 1994.

[24] Gideon Greif (Hg.): Sie weinten tränenlos.... Augenzeugenberichte der jüdischen „Sonderkommandos“ in Auschwitz. Köln, 1995. S. 148 f.

[25] Die Informationen für diesen kurzen Abriß stammen zum großen Teil von André Laks, dem Sohn Szymon Laks’ und der polnischen Musikwissenschaftlerin Zofia Helman.

[26] T. Kaczinski: Zusammentreffen mit Szymon Laks. In: Ruch Musichny. 1964/2. S. 15f.